3訂版

基礎から導入事例まで

電子契約の教科書

弁護士 宮内 宏 編著

JN002255

日本法令®

はしがき

　電子契約の基礎をなす電子署名法が制定されて約 20 年になります。それからしばらくの間は電子署名の利用はなかなか進まなかったのですが、2010 年代半ばころから利用の進展が始まりました。2020 年には、コロナ禍による在宅勤務の増加などもあって、多くの業種で電子契約が使われるようになりました。紙と印鑑による契約書よりも、電子署名を用いる電子契約書のほうが、利便性も安全性もはるかに高いことは専門家にとっては常識です。しかし、紙と印鑑を長年用いてきた方にはまだまだ抵抗感があるようです。こうした方の電子契約への疑問や不安を取り除くことが、本書の目的の一つです。

　これまで電子契約に関して網羅的な書籍はほとんど出版されてきませんでした。これが電子契約の普及が進まなかった一因とも思います。そこで、本書では、電子契約について、そのメリットや仕組みを説明するとともに、法律的な有効性及び訴訟対策、技術的なポイントなども述べる他、電子契約の導入や実施の状況なども説明することとしました。

　3 訂版では、立会人型署名に関する政府見解（2020 年 7 月及び 9 月）についての記載などを加えました。

　本書が、電子契約について知りたい方、電子契約を導入しようとしている方、電子契約について法律的、技術的な詳しいことを知りたい方のすべてにお役に立てればと思います。

　本書では、かなり技術的な内容や法律的な内容も記載しています。これらの内容は、「発展」と書かれた章や節で記載しますので、概略を把握したい方は「発展」の部分を飛ばして読んでいただいても結構です。やや専門的な詳しい内容について興味のある方は、「発展」も参照していただければより深い理解が得られるものと思います。

　なお、本書の 1 章から 5 章及び 6 章の一部を宮内が、6 章の残りの部分及び 7 章は齋木が執筆しました。

最後に、本書を発行するにあたってご尽力いただいた株式会社日本法令の三木治氏に心よりお礼を申し上げます。

2020 年 12 月

弁護士　宮内　宏

Contents

第1章　電子契約とは

第2章　電子契約の基盤（1）
－電子署名と電子署名法－

第5章　電子契約と法規制

◆**法律略称**

本書では法令名について、以下の略称を用います。
・e-文書法：民間事業者等が行う書面の保存等における情報通信の技術の利用に関する法律
・電子署名法：電子署名及び認証業務に関する法律
・電子委任状法：電子委任状の普及の促進に関する法律
・電子帳簿保存法：電子計算機を使用して作成する国税関係帳簿書類の保存方法等の特例に関する法律
・公的個人認証法：電子署名に係る地方公共団体情報システム機構の認証業務に関する法律
・下請法：下請代金支払遅延等防止法

第1章

電子契約とは

1-1 電子契約の背景

　わが国では、2000年に政府によりe-Japan構想が提起されたのを受けて、電子政府や超高速インターネットの実現に向けて舵が切られ、電子商取引の促進も重点政策分野とされました。実際、多くの公的申請などは電子的に行えるようになりましたし、2000年には電子署名法が制定されて、契約書等の電子化の基盤も整備されました。また、2005年には、公的機関等に提出する書類や保存義務のある書類の電子化を認めるe-文書法が制定され、国税関係書類の電子化を可能とする電子帳簿保存法の改正も行われました。

　しかし、インターネットが社会的基盤として確立したにもかかわらず、電子手続の利用は限定的なものにとどまり、電子署名法に基づく電子契約もごく一部で利用されている状況が続いてきました。電子契約は、利便性が高く、コスト削減や安全性向上などのメリットも大きいのですが、紙に比べてなじみがないために心配であることや、自社だけでなく契約の相手方と同意しなければ利用できないことなどが理由で一部の業種での利用にとどまっていたようです。

　ところが最近、電子帳簿保存法による電子取引関係書類の電子的保存などを背景に、企業の間で電子契約が話題になることが多くなってきました。特に2020年に、コロナ禍の影響で在宅勤務が増加したこともあって、電子契約の導入が急速に進むようになりました。また、国際的にも、EUが、電子文書や電子署名等の有効性を加盟国が相互に認めることとするeIDAS規則[1]を制定するなど、電子契約への土台が堅固になってきています。

　2018年には、電子契約の推進を目的とする電子委任状法が施行されました。この法律では、電子契約の定義もなされています（同法2条2項）。

　わが国で電子契約が最初に普及したのは建設業界です。e-Japan戦略

の一環として建設業法が改正され、それまでに書面（紙）に限られていた建設請負契約の交付の電子化が、相手方の承諾等の条件のもとで認められました。国土交通省などにより帳票電子化の標準が行われ、これに基づいて電子契約の ASP（Application Service Provider）が複数構築されるようになりました（126 ページ **6-1 はじまりは建設業界**参照）。建設業に始まった電子契約の進展は、現在、金融、大規模商店、不動産などの広い分野に広がってきています。このような発展については、**第7章 電子契約導入事例**にて述べます。

　現在のところ、中心になる企業とその取引先というような、いわばハブ＝スポークの環境での電子契約の利用（90 ページ **4-1 民間取引の電子化**参照）が主流です。これが発展して、多くの企業が電子契約可能な状態になれば、企業間でメッシュ状に電子契約が行われるようになり、電子契約があたりまえで紙の契約が珍しい時代も夢でなくなるものと思われます。

---

[1] REGULATION（EU）No 910/2014 OF THE EUROPEAN PARLIAMENT AND OF THE COUNCIL of 23 July 2014 on electronic identification and trust services for electronic transactions in the internal market and repealing Directive 1999/93/EC

1-2 電子契約の有効性

> 通常の契約は契約書がなくても成立し、契約書は証拠のために作成されます。したがって、証拠になりさえすれば、紙の契約書でなく電子契約でも問題ありません。
> 法律に「書面で」と書かれている場合には紙が必要ですが、その場合でも、電子文書で代えられる旨の条項があれば電子契約が可能です。

（1） 電子契約（電子的な契約書、注文書・請書などのやりとり）と法律上の契約

　通常、契約を締結する際には契約書という書類を作成して契約する当事者が記名押印します。このような契約書を電子文書で作成する契約を、電子契約といいます。「契約書」という名前の文面でなくても、例えば、注文者が注文書を業者に送り、業者が請書を出す場合の注文書と請書を電子的に作成するものも電子契約です。なお、電子文書の交換による取引（契約、見積り、請求など）を、電子帳簿保存法では「電子取引」といいます（同法2条6号）。電子取引の情報にも税務上の保存義務がありますが、電子文書のまま保存することができます（同法10条）。詳しくは、112ページ**5-1 税務関係（2）国税関係書類の保存（電子帳簿保存法）**をご参照ください。

　従来は紙の書面で契約していたものを、電子文書で契約することが法律的に可能かどうかに疑問を感じる方もいらっしゃると思います。実は多くの契約類型においては、契約書は必須ではありません（例外については次節で説明します）。よく「口約束も契約のうち」などといいますが、大抵の契約は口頭でも成立します（民法522条2項）。しかし、口頭で契約した場合、後日になって本当に契約を締結したのか、締結したとしてもその内容はどのようなものだったのかを証明することは困難で

す。そこで、通常は、契約書を作成していざとなった場合の証拠とするのです（証拠とするための条件については、31 ページ **2-2 電子署名による証拠性の確保**を参照）。よく、契約書の末尾に「本契約の成立を証するため、本書2通を作成し、甲乙双方が記名押印の上、各1通を保存する。」という文言が書かれているのは、まさに契約の証拠とするために契約書を作成するということを示しています。通常の契約では、このように契約書は証拠となりさえすればよいので、紙の契約書でなく電子文書による契約でも問題はありません。

(2)　書面（紙）が必要な契約等

契約の中には、口頭では成立せず、契約書が必要なものもあります。その典型的な例は保証契約（民法 446 条）です。保証契約は、金銭の貸借の貸主等と保証人の間に成立する契約です。保証人の意思確認が問題になるケースが多かったため、2004 年の民法改正にあたって書面が必要とされました（民法 446 条2項）。日本の法律では、別の規定がない限り、電子文書は「書面」とはみなされません[2]。ただし、保証契約については、電子文書（法律には「電磁的記録」と記載）によって契約された場合には書面で契約されたものとみなすという規定（民法 446 条3項）がありますので、保証契約を電子契約で行うことが可能です。

契約のほかにも公的機関への申請書類・保存が必要な書類等で書面を要求するものは多数あります。しかし、その多くはe-文書法などにより、電子化が可能となっています。その一方で、電子化が可能になっていない文書もありますので、いわゆる業法等で必要となる文書については、電子化が可能かどうかを確認する必要があります。

---

[2] 欧米の法律には、電子文書であることや電子署名であることだけを理由に、法的効力を否定してはならないとしているものが多くみられます（EU の eIDAS 規則 25 条1項及び46条、米国の Electronic Signatures in Global and National Commerce Act 101 条（a）項など）が、日本にはこのような包括的な条項はありません。

1-3 電子契約のメリット

電子契約のメリットとして印紙が不要なことが挙げられますが、これはメリットのうちのごく一部にすぎません。むしろ、作業効率の向上や書面作成費用の削減、コンプライアンスの向上、BCPへの寄与などに大きなメリットがあります。

電子契約には、紙の契約書に比べて、経済的メリットや業務効率化などの多くのメリットがあります。ここでは、主なメリットについて説明しておきます。

（1） 印紙代削減

金銭消費貸借契約書（借用書など）、取引の基本契約書、売買契約書、請負契約書などを作成する場合には、収入印紙を貼付する必要があります。また、5万円以上の領収書にも印紙が必要であるなど、紙文書を用いて取引をしていくためには、印紙が必要となります。特に高額な取引では高価な印紙が必要となります。

ところが、電子文書で契約書を作れば印紙は不要となります。現行法上は、電子文書に印紙が不要であることは国会答弁で確認されています[3]。

なお、将来の法制度の変更により何らかの課税が行われるのではないかという心配をされる方もおられると思います。たしかにそのような可能性はゼロではありません。しかし、印紙税のような税制は、世界的に

---

[3] 平成17年の国会答弁（内閣参質一六二第九号）で、現行法では電子文書に印紙が不要であることが確認されています。

は珍しいものであることや、電子取引に課税している国（例えば、シンガポール）はごく少数に限られていることを考えますと、新しい税制度により課税される可能性はかなり小さいものと考えられます。

印紙が不要なことは大きなメリットと感じられるかもしれませんが、実は以下に述べる作業効率等のメリットのほうが企業にとっては大きなものとなります。

（2） 作業効率の向上・文書関係費用の削減

紙で契約書を作成する場合、一方の当事者が印刷し、代表者印を押した上で相手方に送付し、相手方で代表者印を押して返送するというような処理が必要になります。このような処理をするには、少なからぬ工数（人手）が必要になりますし、契約書が完成するまでに1週間以上を要することも少なくありません。また、印刷、封入、郵送などに要する費用もかかってきます。

電子契約であれば、印刷や発送の費用は不要ですし、押印処理も電子的に可能ですから、これらをタイムラグなく実行することが可能です。通常、契約書の内容は、当事者双方の交渉で固めていくことになり、ここには相当の時間がかかります。しかし、内容が合意された後で行う契約書作成は、即時またはせいぜい1～2日で可能となります。

そもそも、多くの企業では、ワークフロー等の企業内コンピュータシステムで書類の作成や決裁を実施しています。内部での処理は、すべて電子化されている企業も少なくありません。ところが、現状では、相手方に送る契約書等だけは紙に出して物理的にやりとりをしている企業がほとんどです。この部分を電子化すれば、処理の電子化が完結し、業務の効率化に大きく寄与します。

（3） コンプライアンス向上

企業等の組織においては、内部不正の防止等のコンプライアンスは非常に重要な問題となっています。コンプライアンスにおいて必須の機能

が、相互監視などの監査・監視体制です。こうした監視を行うために
は、監視される本人に気づかれないように情報を収集することが効果的
です。ところが、契約等の紙の文書については、それら文書の管理部署
に知られずに調査することは容易ではありません。また、紙の文書につ
いては、網羅的な調査をするためには大きな人的コストがかかることも
少なくありません。

　電子契約による対外的な文書を含めた電子化が実現すれば、これらの
問題は容易に解決できます。電子契約等の証憑をデータベースに格納す
ることにより、調査対象部署に知られることなく調査を開始できます
し、網羅的な分析も容易に実行できるようになります。したがって、電
子契約の導入は、コンプライアンスの向上に極めて効果的です。

　なお、これと同様な効果が、デューデリジェンスにおいても得られま
す。企業の合併・買収等（いわゆるM＆A）を行う場合には、それに
先立って、買収する側の企業が、買収される側の企業について財務・会
計・法務などの調査を実施します。これがデューデリジェンス、通称
デューデリと呼ばれるものです。デューデリジェンスを実施する段階で
は、まだM＆Aの実施は未定であり、買収される側の一般社員にも秘
密にしておく必要があるのが普通です。しかし、会計士や弁護士が、調
査対象企業に乗り込んで書類を調べれば、一般社員に気づかれるおそれ
があります。特に、契約書や帳簿等を管理している部署の社員に知られ
ないようにデューデリジェンスを実施するのは容易なことではありませ
ん。

　この点、電子契約を導入して、契約書や帳票等が電子化されれば、リ
モートオフィスなどの遠隔地からでも資料の調査が可能になりますの
で、調査していることを知られるおそれは格段に減少します。

　デューデリジェンス以外にも、調査を密行的に行う必要のあるケース
はあるでしょうから、こういう面でも電子契約は効果があるのです。

(4)　BCPへの寄与

　電子契約は、BCP（Business Continuity Plan：企業継続計画）すな

わち自然災害や大火災、テロなどの非常事態に対して企業活動を継続していくための活動においても有効です。

　紙の契約書の場合には、契約書の原本を保存する必要があり、コピーは証拠としての価値は原本に比べて低くなってしまいます。契約書の原本であれば、押印後の変造（書き足しなど）の検出は可能ですが、コピーでは変造の有無が判定できないことが多いためです。

　したがって、契約書の原本を本社に、コピーを遠隔地に保管したとしても、本社が災害にあって契約書原本が失われた場合には、企業活動の継続に支障をきたすおそれがあります。

　これに対して、電子契約においては、原本・コピーの違いはありません。最初に作成されたファイルであっても、コピーであっても、電子署名が行われたときの電子文書から変更されていないことを確認できるからです。このような意味での原本性が維持できますから、遠隔地にコピーを保存しておけば、本社のファイルが喪失した場合でも、それがために企業活動に支障をきたすおそれはありません。この意味で、電子契約の導入は、BCPにおいて、大きな効果をもたらすといえます。

（5）　注意点など

　以上のとおり、電子契約のメリットを述べてきましたが、デメリットがないわけではありません。

　デメリットの一つは、意思表示の撤回です。例えば、紙の文書で注文書を出した後で、これを撤回する場合を考えます。このときには、相手側から注文書を返してもらえば確実に撤回できます。しかし、電子文書で注文書を出した場合には、このような方法はとれません。相手側がコピーを残しているかどうかはわからないからです。したがって、意思表示の撤回については、相手側に撤回の意思表示が届いたことを確認する仕組みが必要になります。多くの電子契約システムでは、システムの機能として撤回の仕組みを備えています。このような機能を用意すれば、これはデメリットとはいえなくなると思われます。なお、電子契約の場合には、契約の申込みに対する承諾が申込者のもとに到達したとき（例

えば、申込者のメールボックスなどに申込者が読み取り可能な状態で記録された時点）に契約が成立します（電子契約法 4 条）ので、撤回はそれ以前に行う必要があります。

　もう一つの問題として、電子契約システムやタイムスタンプ（51 ページ **2-4 タイムスタンプ** 参照）を用いると、バックデート（さかのぼった日付での書面の作成）ができないことが挙げられます。これがデメリットといえるかどうかは疑問ですが、実務上、バックデートできないと困るというケースもあると思います。

　通常の契約書については、過去に行った合意を文書化したと考えれば、バックデートしなくても問題はなさそうです。例えば、4 月 1 日に両者が合意した内容を 4 月 15 日に文書化したとします。この契約書は、「4 月 1 日に以下の点について合意した。これを 4 月 15 日双方が確認した」という趣旨で作成することが可能だと思います。税務的にも、契約書の作成日よりも、実際の活動の期間が重視されますので、大きな問題は生じないと思われます。

　ただし、下請法における条件書面（119 ページ **5-3 事業法等による提出・保存文書の電子化（3）下請法** 参照）などのように、ある期日までの交付が法的に求められる書面については、バックデートすること自体が違法です。また、第三者の利害に影響するようなものについては、バックデートすることは不当です。

　この点については、電子契約を導入すれば、全体的な業務の迅速化が図れますので、バックデートする必要がなくなると思われますし、そのように業務を改善していくのが正しい方向性だと思います。

第2章

電子契約の基盤（1）
－電子署名と電子署名法－

2-1　電子署名の仕組み

（1）　手書き署名・押印と証拠の関係

> 　裁判で証拠として提出するためには、文書を本人が作成したことを証明する必要があります。
> 　紙の文書では、本人または代理人の署名または押印があれば、本人による作成が推定されます。これと同様に、電子文書に本人による電子署名があれば、本人による電子文書の作成が推定されます。
> 　この意味で、電子署名は紙への手書き署名や押印に相当するものです。

　すでに述べたとおり、契約書は裁判における証拠として利用されます。民事裁判に、電子文書を証拠として提出するためには、その文書の作成者とされる人（本人）が本人の意思で作成したことを証明する必要があります（民事訴訟法 228 条 1 項）。例えば、100 万円の借用書があったとしても、それを借りたとされている本人が書いたのでなければ（他人が勝手に作ったものであれば）、本人に返済を請求するための証拠にはなりません。そのため、本人が作成したことの証明が必要なのです[4]。

　本人が作成したことを直接証明するのは簡単ではありませんが、紙については、手書きの署名や本人による押印があれば本人による作成が推定[5]されます（民事訴訟法 228 条 4 項）。紙の場合の手書き署名や押印に相当するものを、電子文書に対して行うのが電子署名です。

　以下では、電子署名の仕組みを説明します。法律上の扱いについて

---

[4] 法律には、真正な成立の証明と書かれていますが、これは本人が本人の意思で作成したことを意味します。

[5] 「推定」とは、裁判において、一応それが正しいものとして扱うというものです。詳しくは、67 ページ 3-2 二段の推定【発展＝法律的】を参照してください。

は、後述します。

(2)　電子署名の生成

> 　電子文書の作成者を明らかにするためには電子署名が有効です。
> 　電子署名は、署名する本人だけが持つ秘密鍵と署名される電子文書の両方を用いて作られます。

◆図表 2-1　押印と電子署名の生成

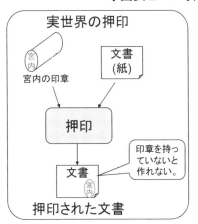
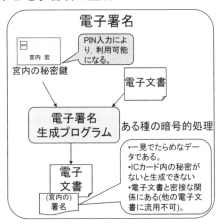

　まず、電子署名がどのように生成されるかを説明します。

　上記図 2-1 は、従来の押印と電子署名を対比したものです。押印の場合には、対象の紙文書に対して、「本人だけが使用できる印章」を用いて、その印章を使わないと作れない印影を作成します。ここで、「本人だけが持つモノ」（印章）により、その「モノ」がないとできないものが生成されるのがポイントです。

　電子署名においては、本人だけが持つモノとして「本人の秘密鍵」、本人の秘密鍵がないと作成できない情報として「電子署名」情報が用い

られます。また、対象となる電子文書と紐づけることも必要です[6]。このため、電子署名を生成するためには、署名する本人だけが知っている秘密鍵と、署名される電子文書の両方を、電子署名生成プログラムに投入します。この秘密鍵は、例えば600桁ぐらいの巨大な整数です。これは到底記憶できるようなものではありませんから、IC カード等に格納する方法がとられています。本人の秘密鍵を利用するために PIN（暗証番号）の入力が必要となっている IC カードが多く用いられています。

　図 2-1 に示すように、電子署名生成プログラムは、秘密鍵と電子文書を入力して、一種の暗号化を実施し、その結果を電子署名として出力します。電子署名は、元の電子文書と別のファイルで保存できますが、元の電子文書とあわせて一つのファイルに格納する方法も行われています。電子文書と電子署名の関係は暗号技術により保証されますので、別々に管理しても問題がないのです。なお、電子署名生成プログラムをIC カード内に搭載することにより、秘密鍵を IC カードから出さずに電子署名を作成する方法が普通になっています。

　以上のように、電子署名は、本人の秘密鍵と署名対象の電子文書に対して一種の暗号的処理を行って計算するものですので、本人の秘密鍵及び署名対象の電子文書と密接な関係のある情報になります。したがって、他人には生成できないこと、電子署名を他の電子文書に流用できないことが確保できるのです。

---

[6] 紙への押印であれば、紙文書と印影の関係は明らかですが、電子文書や電子署名は電子的なデータなので、電子署名を他の電子文書に切り貼りすることが可能です。そこで、電子文書と電子署名が正しく対応していることを確認するための手段が必要となります。

（3）　電子証明書と電子署名の検証

> 　電子署名の検証は、署名対象の電子文書、電子署名及び署名者の公開鍵の3つを用いて行います。
> 　署名者の公開鍵は、巨大な整数です。電子証明書には、署名者が誰であるかと、公開鍵が記載されており、ここから公開鍵を取り出して電子署名の検証に使用します。

　電子署名は一種の暗号文ですので、これを直接見ても意味がわかるものではありません。電子署名が正当なものであるかどうかを確認するためには、検証するための情報とプログラムが必要です。**図表2-2** では、紙の文書に記された印影と電子署名について対比しておきます。内容については以下で説明します。

◆図表2-2　押印と電子署名の比較

	押印の場合	電子署名の場合	備　考
押印・署名の対象	紙の文書	電子文書	－
本人性を表す情報	印影	電子署名	－
印影・電子署名の作成に必要なもの	印章	秘密鍵	－
本人性を確認するために必要な情報	印鑑証明書	電子証明書（公開鍵）	秘密鍵と公開鍵は一対一に対応
検証方法	印鑑証明書の印影と、文書上の印影を比較	プログラムにより、電子文書・電子署名・公開鍵の関係が正しいことを検証	－
検証の効果	対象の文書の作成者の本人性を確認	対象の電子署名の作成者の本人性と非改ざん性を確認	－

◆図表2-3 印鑑証明書と電子証明書

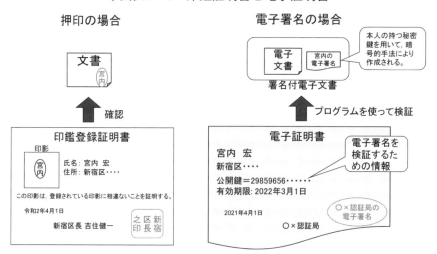

　電子署名の検証に必要な情報は「公開鍵」と呼ばれています。これは、電子署名の生成時に用いた秘密鍵と一対一に対応するもので、いわば、錠前と鍵のような関係にあります。公開鍵も秘密鍵と同様に巨大な整数です。公開鍵は単なる数ですから、これを見ても誰の公開鍵であるかはわかりません[7]。

　そこで、この公開鍵の持ち主を証明する「電子証明書」を用いて、本人が誰なのかを確認します。図表2-3は印鑑登録証明書と電子証明書の比較を示します。

　紙文書の場合、印鑑登録証明書を用いて、誰の印鑑によるものかを確認します。図表2-3では、契約書に押された「宮内」という印影と、印鑑登録証明書に記載された印影とを比較します。これが同一であれば、印鑑登録証明書に記載された「宮内　宏」という人物の印章による印影であることが確認できます。

---

[7]　ID based と呼ばれる暗号方式を用いると、ユーザーID そのものを公開鍵として利用することができます。しかし、現在のところ、ID based の方式は広く利用されてはいません。また、ID based の方式を用いても、本人の氏名や住所などの情報の確認には、電子証明書等が必要になります。

公開鍵と持主との関係を明らかにするために、電子証明書に、公開鍵とその持主を記載して、この「宮内　宏」の公開鍵がこの数値である、ということを証明します（**図表2-3**右側）。印鑑証明書は、市区町村長により発行されるのに対して、電子証明書は、民間機関などにより発行されます。これについては、35ページ**2-2電子署名による証拠性の確保（5）個人を対象とする認証業務（電子証明書の発行主体）**で詳しく説明します。

　電子署名の検証は、署名対象の電子文書と電子署名及び公開鍵（電子証明書から取り出したもの）の3点セットを用いて行います（**図表2-4**）。元々、電子署名は、署名対象の電子文書と、署名者の秘密鍵を用いて作成されたものですから、電子文書、電子署名及び秘密鍵の間には一定の関係があります。一方、公開鍵は秘密鍵と、一対一に対応するものですので、電子文書、電子署名及び公開鍵の3つの間にも一定の関係があります。この関係が保たれていることを確認するのが、電子署名の検証です。

◆図表2-4　電子署名の検証

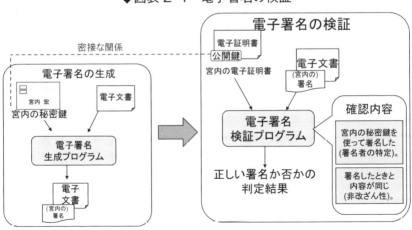

（4） 電子署名の効果

> 電子署名が正当であると検証されれば、以下の2点が確認できます。
> ① 非改ざん性：電子署名が生成されたときの電子文書と、現在の電子文書の内容が同一であること
> ② 本人性：電子署名が、電子証明書記載の本人により生成されたこと

　ここまで述べたように、電子署名は一種の暗号文であって、それだけを見ても意味のわからないものですから、検証プログラムで正当性を確認する必要があります。前ページ**図表2-4**に示すように、検証プログラムでは、署名対象の電子文書、電子署名及び署名者の公開鍵を入力してこの3者が正しい関係にあるかどうかを確認します。

　もしも、電子署名が生成されたあとで電子文書が変更されたとします。この場合には、署名対象（とされる）電子文書と電子署名との関係が崩れてしまうため、不正だという検証結果になります。また、署名者の秘密鍵を使わないと、署名者の公開鍵と正しい関係にある電子署名を作ることはできません。つまり、検証結果が正当だとされれば、電子文書が電子署名生成時から変更されていないことと、電子署名生成にあたって署名者の秘密鍵が用いられたこと（＝署名者本人が署名を生成したこと）が確認できるのです。

　したがって、電子署名の検証で正当であるという結果が出れば、以下の2点が確認されます。この2つを確認できることが電子署名の効果です。

　　① <u>非改ざん性</u>：電子署名が生成されたときの電子文書と、現在の電子文書の内容が同一であること
　　② <u>本人性</u>：電子署名が電子証明書記載の本人により生成されたこと

　これらの性質により、電子署名法2条1項に規定される電子署名の要件を満たすことができます（32ページ**2-2（2）技術的条件**参照）。

(5)　電子証明書の失効と有効性確認

　電子証明書は、有効期間内でも何らかの理由（秘密鍵漏えい、主体者情報変更など）で失効することがあります。
　電子署名付の電子文書を受領した者は、その電子署名に係る電子証明書が正しいものであることだけでなく、その時点で有効であることも確認する必要があります。

　発行を受けた電子証明書は、有効期間内であれば何度でも使用することが可能です。電子証明書に基づいて電子署名を生成した場合には、署名文とともに電子証明書を相手方に送ることになりますが、電子証明書は複製可能ですので何回でも利用できるのです。

　有効期間内であれば何度でも利用できることは大きなメリットですが、有効期間は1年から数年ですので、その間に、電子証明書記載の情報の変更などの理由により、電子証明書を失効させなければならない事態が発生する可能性があります。特に秘密鍵が漏えいしたり、秘密鍵を格納しているICカードの紛失または盗難が発生したりした場合には、ただちに電子証明書を失効させる必要があります。

　電子証明書を発行した認証業務では、有効期限前に失効した電子証明書のリストを管理しています。電子証明書の失効が必要になった場合には、利用者などから認証業務に失効を申請し、認証業務が失効した証明書のリストに加えることになります。

　電子署名の付いた電子文書を受け取った際には、その電子署名の検証を行うとともに電子署名に係る電子証明書の正当性を確認する必要があります。そのときには、電子証明書に付帯している認証業務の電子署名を検証するだけでなく、電子証明書がその時点で有効であること（失効されていないこと）をも確認する必要があります。

　電子証明書の有効性を確認できるようにするため、認証業務は失効リスト（Certificate Revocation List = CRL）を提供するのが一般的です。認証業務によっては、電子証明書のシリアル番号を受け取って有効

性を回答するサービス（Online Certificate Status Protocol = OCSP）を提供しているものもあります。署名付電子文書の受領者は、CRL または OCSP を用いてその電子署名に係る電子証明書が、現時点で有効であることを確認します。

2-2 電子署名による証拠性の確保

> 電子署名法の要件を満たす電子署名が付いている電子文書は裁判で証拠になります。
>
> 電子署名の正当性を検証するためには、電子証明書が必要です。電子証明書を発行する主体を認証業務といいます。
>
> 法務大臣、総務大臣及び経済産業大臣の認定を受けた認証業務を認定認証業務といい、認定認証業務が発行した電子証明書に基づく電子署名であれば、実印並みの信頼性があります。

ここまで述べてきた電子署名は、裁判に電子文書を証拠として提出するために用いられます。もちろん、裁判になる前の交渉段階でも、証拠があると主張することはあると思いますが、最終的に裁判に提出できるということが、交渉においても電子文書の有効性を保つことになります。以下では、裁判における電子署名の取扱いについて説明します。

(1) 電子署名法

裁判に書類を証拠として出すためには、その書類の作成者とされる人（本人）が実際にその書類を作ったこと（真正な成立）を証明する必要があります。これは、電子契約書などの電子文書を証拠とする場合も同じです。

2000年制定の電子署名法は、電子文書の真正な成立、すなわち、本人による作成に関する法律です。電子署名が付いていれば、署名者本人が署名したこと（本人性）、確かに「この」電子文書を作成したこと（非改ざん性：署名対象の文書が改ざんされていないこと）を確認できます。そこで、一定の条件を満たす電子署名があれば、本人による作成

を推定することとされています（電子署名法3条）。電子署名が満たすべき条件は、大きく分ければ、技術的条件と署名者本人との関係性です。これを順次説明していきます。

（2） 技術的条件

電子署名と一言で言ってもいろいろな方式や利用方法があります。これについて詳しいことは、60ページ3-1 公開鍵暗号と電子署名【発展＝技術的】で述べますが、電子署名法による推定を得るためには、電子署名の方式には一定の安全性が求められます。これをここでは技術的条件と呼びます。

電子署名法には、「電子署名」の定義があります（2条1項）。また、電子文書の本人による作成を推定するための条件も規定されています（3条括弧書き）。これらに技術的条件が書かれています。まずはこれらの条項を見てみましょう。

---

① 電子署名法2条1項1号：当該情報（電子文書のこと）が当該措置を行った者（署名者のこと）の作成に係るものであることを示すためのものであること。
② 電子署名法2条1項2号：当該情報（電子文書のこと）について改変が行われていないかどうかを確認することができるものであること。
③ 電子署名法3条括弧書き：これ（電子署名のこと）を行うために必要な符号及び物件（秘密鍵やICカードなど）を適正に管理することにより、本人だけが行うことができることとなるものに限る
※引用中のカッコ書きは著者による注釈。

---

①と②は、電子署名の性質から得られる本人性・非改ざん性そのものですから、電子署名の方式として通常のものを用いていれば問題ありません。また、③についても、署名者の秘密鍵がなければ電子署名を生成できない仕組みであれば問題はありません[8]。

---

[8] 後述の立会人型電子署名（46ページ2-3（4）立会人型電子署名）については、これらの条件に関して注意が必要です。73ページ3-4 立会人型電子署名と電子署名法2条1項の電子署名の関係 及び77ページ3-5 立会人型電子署名への電子署名法3条の適用 を参照してください。

なお、認証業務（電子証明書の発行主体）の定義において、本人だけが行うことができるものとして、具体的な電子署名方式が指定されています（電子署名法2条3項、電子署名法施行規則2条）。これについては60ページ3-1 公開鍵暗号と電子署名【発展＝技術的】で後述します。

（3）　本人との関係性
　　　（電子証明書による本人確認）

　技術的条件が満たされていれば、秘密鍵を持つ本人だけが正しい電子署名を生成することができる上に、本人性や非改ざん性も確保できることになります。しかし、ここでいう「本人」が誰なのか（署名者とされている人と同一かどうか）は、技術的条件だけでは判断できません。電子署名は一種の暗号文のようなものなので、それだけでは誰の電子署名なのかわからないということです。いわば、「宮内」という印影があっても、どの「宮内さん」の印鑑なのかがわからないように、電子署名だけでは誰のものかわからないということです。

　25ページ2-1 電子署名の仕組み（3）電子証明書と電子署名の検証で述べたとおり、電子署名に係る本人を特定するためには電子証明書が使われます。電子証明書には、電子署名を検証するために用いられる公開鍵と本人に関する情報が書かれています（26ページ図表2-3）。

（4）　認証業務の活動

　電子証明書があれば、それだけで本人の公開鍵だと確認できるわけではありません。電子署名が、電子証明書に書かれている本人によるものだと言うためには、電子証明書を発行する者（認証業務または認証局といいます[9]）が以下の点を保証しなければなりません。

---

[9]　電子署名法上の用語は「認証業務」ですが、「認証局」もよく使われます。本書では「認証業務」に統一しています。

①　電子証明書が、本人の申請により発行されたものであること
②　電子証明書に記載された公開鍵に対応する秘密鍵を、本人だけが使用
　できる状態であること

　このうち、①は電子証明書発行申請における本人確認を確かに行うことが重要です。また、②については例えば、秘密鍵が格納されたICカードを、確実に本人に渡すことなどが挙げられます。認証業務では、本人による申請であることを確認するため、書類を要求したり提示を受けたりしています。

　なお、電子証明書は、一度発行を受ければその有効期限内は何度でも使えますが、前述のとおり、有効期限内に失効することがあります。この失効情報の管理と開示も認証局の役割の一つです。下記にて認証業務の機能をまとめておきます（図表2-5）。

◆図表2-5　認証業務の機能

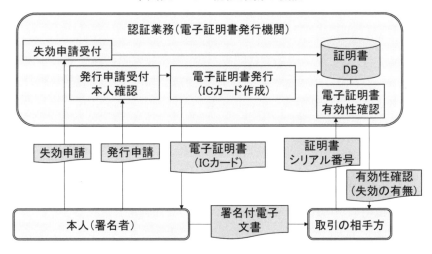

　署名をする本人は、まず、認証業務に対して発行申請を行います。認証業務は申請を受けると本人確認を行います。確認方法は、住民票の写しまたは戸籍謄本・抄本に加えて、写真付の身分証明書（マイナンバーカード、運転免許証等）の提示または実印の押印と印鑑証明書を受ける方法などが最も確実な方法です。また、マイナンバーカードに搭載され

ている電子署名の機能を使う方法もあります。より簡易な方法として
は、身分証明書のコピーなどを送る方法も考えられます。ここでの本人
確認の厳格さが電子証明書の信用性につながるため、より重要な用途に
用いる電子証明書は、より厳格な本人確認を行う認証業務で発行する必
要があります。

　本人の確認が完了すると、認証業務は電子証明書を発行します。多く
の認証業務では、このときに申請者の秘密鍵も生成します。認証業務
は、電子証明書（及び秘密鍵）をICカード等に搭載してこれを本人に
渡します。このとき、万が一にも、秘密鍵等を本人以外に渡してしまう
ことがないようにしなければなりません。直接の手渡しや本人限定受取
郵便などの利用が確実ですが、より簡易な認証業務においては、書留等
で送る方法もありえます。本人への交付の厳格性も電子署名の信用性に
影響しますので、重要な用途に用いる場合には、厳格な本人交付方法を
とっている認証業務を選ぶ必要があります。

　何らかの理由で証明書を失効させたい場合には、本人が認証業務に失
効申請を行い、認証業務は失効情報をデータベースに格納します。

　署名者本人は、ICカード等を利用して電子署名を生成し、契約書等
の電子文書に電子署名を付して取引の相手方に渡します。このときに電
子証明書も併せて渡します。

　取引の相手方は、まず、電子証明書の有効性を確認します。そのため
に、認証業務の電子証明書有効性確認機能を用いて、今受け取った電子
証明書が有効かどうか（失効されていないかどうか）を確認し、有効で
あれば電子署名の検証を行います。

(5)　個人を対象とする認証業務
　　（電子証明書の発行主体）

　通常の個人に対して電子証明書を発行する認証業務には以下のものが
あります（法人代表者については、40ページ **(8) 商業登記に基づく電
子認証制度** にて述べます）。

① 電子署名法による（認定を受けていない）特定認証業務
② 電子署名法による認定認証業務
③ 公的個人認証基盤（JPKI）の認証業務

　このうち、①と②は民間の事業者によるもので、③は地方公共団体情報システム機構によるものです。用途については、①及び②は電子契約一般に用いることができますが、③は原則として、公的機関への申請等に限定されています。ただし、③の民間開放が始まっていますので、これについては、83 ページ 3-7 公的個人認証基盤の民間開放【発展＝法律的】で述べます。また、①の信頼性に比べて、②及び③は信頼性の高いものと考えることができます。誤解を恐れずに例えてみると、①はいわば三文判や銀行届出印に対応するもの、②及び③はいわば実印に対応するものと考えることができるかもしれません[10]。

　以下では、これらについて、順に説明していきます。

◆図表 2-6　電子証明書発行主体の特徴

電子証明書発行主体	発行条件など	信頼性	用途の制限
①特定認証業務	技術的要件を満たすもの（認定なし）	三文判または銀行届出印に相当（認証業務の管理による）	用途の制限はない
②認定認証業務	特定認証業務のうちで、本人確認等の厳しい基準を満たして認定されたもの	実印並みの信頼性	用途の制限はない
③公的個人認証基盤（詳細は、83 ページ 3-7 公的個人認証基盤の民間開放【発展＝法律的】を参照）	地方公共団体などにより発行される公的なもの	実印並みの信頼性	公的機関との契約や申請・届出に限られる（民間開放が始まっている）

---

[10] ①であっても、管理・運用の方法によっては、実印並みの信頼性が得られる可能性もあります。

①及び②は、電子署名法で規定された認証業務です。電子署名法で規定された技術的な要件を満たす電子署名に関する電子証明書を発行するものを特定認証業務といいます。また、特定認証業務であって、本人確認や秘密鍵の取扱い等についての厳しい条件に合致したものと認定されたものを認定認証業務といいます。

　①の特定認証業務の基準については、電子署名法2条3項及び電子署名法施行規則2条に規定があります。具体的には、電子署名が1024ビット以上のRSA暗号などに基づく方式であることが条件となっています（暗号方式についての詳細は、60ページ **3-1 公開鍵暗号と電子署名【発展＝技術的】** をご覧ください）。現時点で、商業的にサービスを実施している認証業務のほとんどは、2048ビット以上のRSA暗号に基づく方式を採用していますので、この点が問題になることはほとんどないと思われます。

　②の認定認証業務は、特定認証業務のうちで、電子署名法4条以下で規定される基準を満たしていることを認定されたものをいいます。基準の具体的な内容は、電子署名法6条及び同施行規則4条以下に規定されています。主な内容は以下のとおりです[11]。

- ・設備の基準（同施行規則4条）
- ・電子証明書申請者の本人確認方法の基準（同施行規則5条）
- ・業務の実施方法・証明書の記載内容などについての基準（同施行規則6条）

　例えば、本人確認の方法としては、住民票の写し、戸籍謄本または戸籍抄本の提出に加えて、写真付きの公的証明書（パスポート、運転免許証、マイナンバーカードなど）の提示か実印と印鑑証明書による方法で、本人確認を行います。ここでわかるように、認定認証業務となるためには、本人確認を厳格に行う必要がありますから、認定認証業務が発行した電子証明書は、本人の申請に係るものであることが確実であるといえ

---

[11] 認定については、この他に申請や更新の方法、書類の管理方法などが定められています。なお、より詳細な内容は、指針・方針などで定められています。

ます。

　このような基準を満たしていれば、法務大臣、総務大臣及び経済産業大臣による認定が行われます。そのために、これら3大臣が指定する「指定調査機関」[12]による調査が行われ、調査の結果、基準を満たされていると認められれば、3大臣が認定するという仕組みになっています。認定認証業務の一覧は、法務省のホームページ[13]で見ることができます。

　①と②が民間事業者による証明書発行であるのに対し、③の公的個人認証基盤（JPKI）は地方公共団体情報システム機構によるものです。JPKI の電子証明書は、本人の住所がある市区町村長を介した申請により発行され、秘密鍵は、本人の個人番号カードに格納されて交付されます。JPKI の電子証明書に基づく電子署名は、現状では公的機関への申請等（例えばe-Tax、電子入札）についてのみ用いることができますが、民間開放が進められています（詳しくは83ページ **3-7 公的個人認証基盤の民間開放【発展＝法律的】** を参照してください）。

（6）　認証業務の選択

　以上のとおり、②認定認証業務が発行した電子証明書は、①特定認証業務が発行した電子証明書よりも信頼性が高いので、認定認証業務によるものを用いることが望ましいといえます。しかし、認定認証業務で電子証明書の発行を受けるためには、厳格な本人確認が必要であるなど手間がかかること、発行費用が高いことなどから、場合によっては特定認証業務を用いることも考えなければならないこともあります。すなわち、署名対象の電子契約書の重要性などに鑑みて、どの認証業務を用いるかを決めていくのがよいと思われます。

　電子証明書の信頼性を別の面から見ると、訴訟の際に電子契約書等の有効性を証明しそこなうリスクの大小であると考えることができます。認定認証業務を用いていれば、認定認証業務が発行した電子証明書であ

---

[12] 本書執筆時点では、一般財団法人日本情報経済社会推進協会（JIPDEC）が指定されています。

[13] http://www.moj.go.jp/MINJI/minji32.html

ることを示すだけで、本人確認などを厳格に行ったことなどを個々に証明する必要性はほとんどありません（これらの手続きについては認定手続において確認されているからです）。これに対して、認定を受けていない認証業務の場合にはこうした手続きが確実に行われたことを証明する必要が出てくる可能性があります。このように証明すべき対象が多くなるため、有効性の証明に失敗するリスクが増大します。

　どんなときにもリスクを最小限にすることが最適とは限りません。リスクの低減とそのためのコストを比較してリスク低減策を採用するか、リスクを受容するかの判断を行うことが必要です。訴訟におけるリスクが非常に小さい場合、例えば、金額が非常に小さい場合などについては、電子署名を用いずにシステム的な管理だけ（電子契約システムのログイン時の確認による管理など）で行うこともありえます。

　したがって、どのような電子署名を用いるかは、いわば企業の経営判断の問題であるといえます。電子取引などの重要性に鑑みて、企業において、適切な方式を選択していくことが必要です。

（7）　電子証明書における組織属性（所属・肩書き）

　現行の電子署名法においては、本人の所属組織（会社や法人等）や組織内での肩書き（経理部長、営業部長等）の確認については、認定認証業務の認定対象外となっています（電子署名法施行規則 6 条 8 号）。このような情報（組織属性といいます）を電子証明書に書き込むことは可能ですが、その記述については法律上の保証がないものと考えなければなりません[14]。

　つまり、特定認証業務や認定認証業務が発行した電子証明書に基づく電子署名は、原則として個人の署名であり、電子証明書だけでは会社への所属や肩書きなどを確認できません。これらについては、電子委任状法の認定電子委任状取扱事業者が発行する電子証明書（詳しくは 54

---

[14] 認証業務が本人確認に準じた確認を行っていることもありますが、そうであるとは保証されていないため、本人の氏名等のように確実なものではないと考えておく必要があります。

ページ 2-5 電子委任状法を参照してください）を用いることが有効で
す。これ以外の電子証明書を用いる場合には、証明書の発行元が、どの
ような確認手段をとっているかを確認する必要があります。このとき、
会社の代表者等の認めた所属・肩書だけが記載されること、所属や肩書
の変更時には電子証明書が失効されることなど、電子証明書の内容が信
用できるための手続きが行われていることを確認すべきです。

　なお、必要に応じて、直接面談したときに受け取った名刺や契約まで
の交渉経緯などによる確認も併用することが考えられます。

（8）　商業登記に基づく電子認証制度

　株式会社等の会社や社団法人等の法人は、登記所に商業登記がなされ
ています。商業登記がなされた会社や法人は、代表者等[15]の印鑑を登録
し、印鑑証明書の発行を受けることができます（商業登記法 12 条）。

　このような印鑑証明書と同様に会社代表者等に対して登記所が電子証
明書を発行しています（商業登記法 12 条の 2）。

　商業登記に基づく電子認証の電子証明書発行にあたっては、証明書発
行を受ける者が秘密鍵と公開鍵のペアを作成し、公開鍵をフロッピー
ディスク等に格納して登記所に申請する方法がとられます。秘密鍵の管
理は申請者たる代表者等に任されており、IC カードに格納するとすれ
ば、申請者が自ら行うこととなります。

　商業登記に基づく電子認証制度により電子証明書の発行を受ければ、
電子証明書には、本人の氏名等のほかに、法的に確認された組織名称
（会社名または法人名）と、役職（代表者または支配人）が記載されま
す。したがって、これを用いて電子契約書に署名すれば、いわゆる実印
（登記所に登録した代表者の印鑑）による押印と同等の効力を持たせる
ことができます。

　このように、商業登記による電子認証制度を用いれば、高い信頼性を

---

[15] 会社については、代表取締役、支配人（会社法 10 条）、破産管財人などが対象と
なります。

保つことができます。ただし、この制度においては、代表者及び支配人などの電子証明書しか発行できませんので、事業部長、部長などの役職者による電子署名には利用できません。したがって、商業登記による電子認証制度による電子署名は、代表者名で行う重要な契約にのみ用いて、それ以外のものについては、認定認証業務または特定認証業務による電子署名を用いるのが現実的だと考えられます。

2-3 署名生成方法の多様化

従来型の電子署名の生成方法は、本人が秘密鍵を保管し、自分自身で管理する PC 等で電子署名を生成するものでした。このような生成方法をローカル署名といいます。

これに対して、サーバーに秘密鍵を預けるリモート署名や、第三者たるサーバーが立会人の立場で署名する立会人型電子署名（第三者型電子署名ともいいます）があり、普及が進んでいます。

（1） 多様化する署名生成方法

以前は、秘密鍵の保管を本人が行い、秘密鍵を用いた電子署名の生成処理を本人管理の環境（IC カードや PC）で行う方法が主流でした。しかし、最近は、秘密鍵の管理をサーバーで行う方法や、本人の秘密鍵を用いない方法も使われるようになってきました。これらは、当事者型電子署名と立会人型電子署名（第三者型電子署名ともいいます）に分けられます（図表 2-7）。この図表に示すように、当事者型電子署名は当事者自身の電子署名が付されますが、立会人型電子署名では、立会人たるサーバーの電子署名だけが行われて当事者自身の電子署名は付されません。

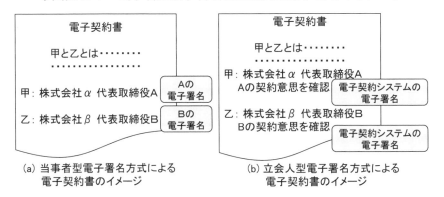

◆図表 2-7　当事者型電子署名と立会人型電子署名のイメージ

（a）当事者型電子署名方式による
　　電子契約書のイメージ

（b）立会人型電子署名方式による
　　電子契約書のイメージ

これらを整理すると次のようになります。

---

① 　当事者型電子署名方式（本人の秘密鍵を使用する方法）
　ア　ローカル署名：秘密鍵の保管と電子署名生成処理を、本人の管理下
　　　　　　　　　　で行うもの
　イ　リモート署名：秘密鍵をサーバーに預け、本人がサーバーに指示し
　　　　　　　　　　て電子署名を生成するもの
② 　立会人型電子署名方式：サーバー等が立会人や目撃者の立場で電子署
　　　　　　　　　　　　　　名を生成するもの

以下、これらについて、説明していきます。

（2）　ローカル署名

　ローカル署名は、電子署名の基本的な方法、つまり従来から行われて
きた方法です。ローカル署名では、電子署名に用いる秘密鍵を、署名者
の手元に保持し、署名者が直接使用している PC や IC カード内のプログ
ラムで電子署名を生成します[16]。この場合は、署名者が秘密鍵を直接
に管理しているため、生成された電子署名と署名者の関係が確実なもの
となります。

---

[16] 安全性向上のため、IC カード内ですべての計算を行う他、秘密鍵を活性化するた
　めの PIN の入力を要求する実装が多く用いられています。

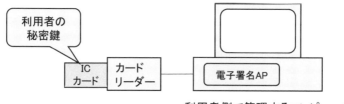

◆図表2-8　ローカル署名

利用者側で管理するコンピューター
またはICカード内で署名を生成

(3)　リモート署名

　リモート署名は、サーバーに秘密鍵を預けておき、署名者の指示により、サーバー側のプログラムで電子署名を生成する方法で、サーバー署名とも呼ばれます。秘密鍵は、HSM（Hardware Security Module）などの安全な装置に保管する方法が一般的です。なお、安全性向上のため、秘密鍵をHSMから出さず、すべての計算をHSM内で行うことが普通になっています。また、HSM内の秘密鍵を暗号化しておき、電子署名の生成時に署名者から秘密鍵の復号のためのPINを受け取る方法も広く行われています。

　リモート署名は、ローカル署名に比べると、電子署名と署名者の結びつきはやや間接的なものになります。そこで、本当に署名者の指示による署名生成なのか、サーバー側での秘密鍵の取扱いは安全かどうか、サーバー側での不正な署名生成が行われていないか、等を確認する必要があります。

　リモート署名により生成された電子署名が本人の電子署名であると認められるための、一般的な法的要件の策定が期待されるところですが、本書執筆時点では、まだ公的な基準は定められていません。しかし、政府が立会人型署名について示した見解[17]には、物理的にサーバーが生成した電子署名であってもサーバー管理者等の意思が介在せずに機械的に生成される場合には利用者本人の電子署名と評価しうる旨の記載があり

---

[17] 73ページ脚注30参照

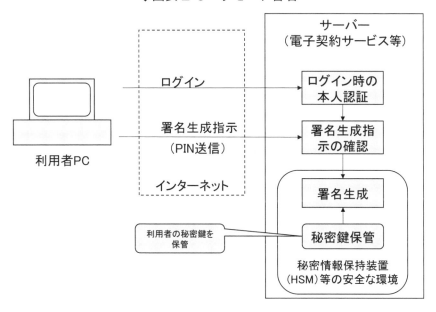

◆図表2-9　リモート署名

サーバー
（電子契約サービス等）

利用者PC

ログイン → ログイン時の本人認証

署名生成指示
（PIN送信） → 署名生成指示の確認

インターネット

署名生成

利用者の秘密鍵を保管 → 秘密鍵保管

秘密情報保持装置
（HSM）等の安全な環境

ますので、リモート署名が、署名者の意思のみにもとづいて（サーバー管理者の企図に無関係に）行われる場合には、リモート署名によって行われる電子署名は、本人（利用者）による電子署名と考えられることになります。リモート署名の基準については、総務省などにおいて基準策定の作業が行われています（132ページ6-3（5）トラストサービスについて 参照）。

　なお、このような法令上の基準が得られない場合でも、裁判において真正な成立、すなわち「これは確かに署名者の意思により作成された電子文書だ」と認められれば、証拠としての効力を持ちます。そのためには、リモート署名の事業者側での厳格な規程の確立とその確かな実施が必要となりますし、利用者もそのような運用が確認できる事業者を選んでいくことが必要です。

　リモート署名において重要なポイントの一つが、サーバーへのログインする際の本人確認（認証）です。もしも、他人になりすまして電子署名を生成できてしまうと、電子署名の本人性が損なわれるからです。し

たがって、リモート署名実施のための本人認証（ログイン時の認証）については、多要素認証[18]などの方法で安全性を高める必要があります。その一例としては、公的個人認証基盤の利用者確認（83 ページ **3-7 公的個人認証基盤の民間開放**参照）を用いる方法が考えられます。この場合には、マイナンバーカードと、本人だけが知る PIN との二要素認証になります。

（4）　立会人型電子署名

　ここまでで述べてきた当事者型電子署名（ローカル署名及びリモート署名）は、対象となる電子文書の名義人（本人）が、本人の電子証明書に基づいて、本人の電子署名を行うものです。これに対して、立会人型電子署名は、サーバーがいわば立会人または目撃証人の役割を果たすもので、生成される電子署名は、サーバーの電子証明書に基づくものを使います（**図表 2-10**）。立会人型電子署名では、電子文書の名義人（本人）の電子証明書や秘密鍵は用いません。

◆図表 2-10　立会人型電子署名

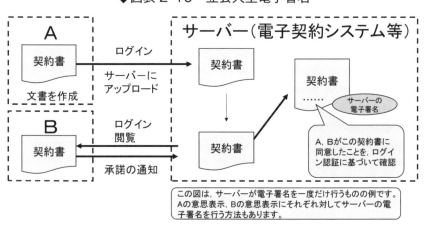

----

[18] 本人の持つ物（例えば IC カード）、本人だけが知る情報（例えばパスワード）、本人の身体的特徴（例えば指紋）のうちの 2 種類以上を用いる認証。

立会人型電子署名では、サーバーが利用者認証を行った上で、その利用者の（契約締結などの）意思を確認し、その旨を記載した上でサーバーの電子署名を付します。これは、公証人が当事者の身元と意思を確認して、公正証書等を作成するプロセスに似ていますが、サーバーは公証人ではありませんから、公正証書のような効力が認められるわけではありません。

　立会人型電子署名では、本人の電子証明書を用いませんので、本人による意思表示であることの保証は、サーバーによるログイン時の認証に委ねられることになります。本人の意思表示であることを示すためには、次の2点の確認が必要です。

---

① 立会人型電子署名に係る利用者がアクセスして、署名意思を示したこと（ログイン時の利用者認証など）
② 立会人型電子署名に係る利用者が、電子文書の名義人（電子文書の作成者とされる人。本人）と同一であること

　このうち、①については、IDとパスワードによる方法や、特定のメールアドレスにアクセスのためのURLを送付する方法などが用いられています。また、これらよりもより厳格な認証を行っているものもあります。②については、メールアドレスの到達性などの簡易な方法によるものが多いようです。①②については、73ページ3-4 立会人型電子署名と電子署名法2条1項の電子署名の関係及び77ページ3-5 立会人型電子署名への電子署名法3条の適用で詳しく説明します。

(5)　電子署名生成方式の比較

　次ページ図表2-11に、各方式の特徴をまとめておきます。秘密鍵の管理や署名生成の主体や場所については、すでに述べたとおりです。立会人型電子署名の電子署名法3条の推定効については、77ページ3-5 立会人型電子署名への電子署名法3条の適用をご覧ください。なお、標準やガイドラインが、リモート署名については相当に固まってき

◆図表2-11　電子署名生成方式の比較

	当事者型電子署名方式		立会人型電子署名方式
	ローカル署名	リモート署名	
電子証明書	当事者本人	当事者本人	サーバー
秘密鍵の保管	当事者本人が自分の鍵を自分で保管	サーバーが当事者の鍵を預かる	サーバーがサーバーの鍵を保管（当事者の秘密鍵は存在しない）
電子署名の生成	当事者本人の端末で、当事者の電子署名を生成	当事者の指示に基づいて、サーバーで、当事者の電子署名を生成	当事者の指示に基づいて、サーバーがサーバーの電子署名を生成
電子署名法3条の適用	真正な成立の推定が得られる	真正な成立の推定が得られると思われる	真正な成立の推定は得られる可能性がある
利用登録時の（当事者の）本人確認	電子証明書発行時に、厳格な本人確認をしているものが多い	電子証明書発行時に、厳格な本人確認をしているものが多い	利用者登録だけなので、比較的簡易な本人確認（例えばメールアドレスの確認）で済ませるものが多い
基準、ガイドライン等	電子証明書、署名フォーマット等、各種標準等に従っている	日本では基準策定を検討中。欧州では、認定基準が定められている	現在のところ基準はなく、基準策定の動きもみられない。

ていますが、立会人型電子署名については、これからの課題といえると思います。

　各方式を比較する上でポイントとなるのが、信頼性と利便性のトレードオフです。

　当事者型電子署名においては、電子証明書の発行が必要なため、一般的に、電子署名の利用開始時の手間は大きくなります[19]。電子証明書発行時の身元確認のレベルは、認証局のポリシーで決められるものです

が、現在発行されている電子証明書については、相当確実なレベルの身元確認を行っているものがほとんどです[20]。したがって、当事者型電子署名は、一般に信頼性は高いものの、利用開始時の手間は大きいといえます。

これに対して、立会人型電子署名においては、多くの例で利用開始時の身元確認は、メールの到達確認などの簡易なものになっています。身元確認が簡易ですと、利用開始にあたっての手続は非常に簡単で、ごく短時間で利用可能なります。その反面、そのようにして登録された利用者が誰なのかを確認するのが難しくなるケースが生じます。例えば、フリーメールのアドレスだけがわかっていても、それが実世界の誰なのかを特定するのが難しいことがあると考えられます。このように、立会人型電子署名の多くは、利用開始時の手間は少なく、簡単に利用を開始できますが、電子署名の信頼性についてはやや低くなる傾向があります。

なお、立会人型については、基準や標準がなく、実現方法が各事業者に任されている状況です（73 ページ **3-4 立会人型電子署名と電子署名法 2 条 1 項の電子署名の関係**参照）。基準がないため、第三者による審査や監査の制度もありません。このような点に鑑みますと、身元確認を厳格に行ったとしても、不安を払しょくできるとは限らないと思います。現時点では基準の策定などの動きはみられませんので、今後、政府や業界による基準作りが望まれるところです。

（6） 電子署名生成方法の選択

ここでは、電子署名生成方法の選択について述べます。なお、当事者型電子署名における電子証明書発行機関の選択については、38 ページ **2-2（6）認証業務の選択**を参照してください。

上記のとおり、電子署名生成方法については、信頼性（身元確認の厳

---

[19] 33 ページ 2-2（3）本人との関係性（電子証明書による本人確認）を参照
[20] メールアドレスの到達性だけを確認して電子証明書（「このメールアドレスの管理者」の公開鍵を証明するというレベルの信頼性にとどまるもの）を発行することもできますが、現実には、そのような認証局は見られません。

格性）と利便性（利用開始の容易さ）のトレードオフがあります。この
トレードオフを踏まえた上で、対象となる電子文書の重要性に応じた方
法を選択すべきです。

　対象文書の重要性については、企業等の組織において行われている印
章の使い分けが参考になります。以下に使い分けの例を示しますが、こ
れを遵守せよという意図ではありません。このような考え方を理解し
て、各組織での使い分けを決めて行ってほしいと思います。

　例えば、紙の場合に代表取締役の登録印を使っていた種類の文書であ
れば、電子化にあたって、商業登記電子証明書に基づく電子署名をロー
カル署名で実施するのが妥当だと考えます。また、組織として管理して
いる印章（印章管理規程等に基づいて、しかるべき機関決定が行われた
場合にのみ使用するように管理されているもの）を使用する文書であれ
ば、信頼のおける電子証明書発行機関が発行した電子証明書に基づい
て、当事者型電子署名（ローカル署名またはリモート署名）で実施する
ことが考えられます。

　一方、紙の場合には認印を使うか、そもそも押印していないような文
書が対象の場合には、簡単に利用を開始できる立会人型電子署名を用い
ることが考えられます。

2-4 タイムスタンプ

> 電子署名の応用技術にタイムスタンプがあります。
>
> タイムスタンプは、ある時刻にある電子文書が存在していたことを証明するために用いられます。また、電子署名が電子証明書の有効期間内に作成されたものであることを証明するためにも、タイムスタンプが用いられます。
>
> 一般財団法人日本データ通信協会がタイムスタンプの発行者（タイムスタンプ局）の認定を行っています。

（1） 作成時刻の証明

　電子署名の応用技術の一つに、タイムスタンプがあります。

　これは、正確な時刻の管理と正確な処理を行っているタイムスタンプ事業者が、「この電子文書は、この時刻に確かに存在した」ということを証明するものです。タイムスタンプは電子署名を用いていますから、電子署名の効果の一つである「非改ざん性」の確認が可能なわけです。（27 ページ**図表 2-4** 参照）

　電子署名については、法的効力を規定する法律として電子署名法などがありますが、タイムスタンプについては、このような法律はありません。しかし、タイムスタンプについては、一般財団法人日本データ通信協会（以下「データ通信協会」といいます）による認定制度があり、技術面・運用面などについて十分な信頼性のある事業者を認定しています[21]。タイムスタンプの効力については法令による規定はありませんが、法令や告示などには、データ通信協会の認定を受けたタイムスタン

---

[21] https://www.dekyo.or.jp/tb/contents/summary/index.html

プが指定されているものが見られます。例えば、電子帳簿保存法施行規則では、タイムスタンプを用いる場合には、データ通信協会の認定を受けたタイムスタンプを用いるように指定されています（同規則8条1項1号及び2号・3条5項2号ロ）。その他にも公的ガイドライン等で、認定されたタイムスタンプが指定されているものがあります[22]。このように、公的制度において、データ通信協会の認定が必要とされており、社会的にも認められたものであることは間違いありません。データ通信協会という第三者がお墨付きをつけていることも合わせて考えますと、裁判において、信用性があるものと認められる可能性が高いと思われます。なお、タイムスタンプについては、国の認定制度が開始されました[23]。

こうした効力のあるタイムスタンプですが、これには大きく分けて2つの用途があります。

一つは、文書の作成時期を示す必要がある場合です。例えば、特許の先使用権（特許法79条）の確保です。これは、（他人の）特許出願前にその内容を実施または実施の準備をしていた者は、その特許が登録されても、特許料を払わずに実施を継続できるという制度です。この場合には、実施計画などの文書の作成時期が非常に重要になりますので、タイムスタンプが効果を発揮します。また、共同研究等のプロジェクトにおいて、自社の独自技術なのか共同研究の成果なのかが問題になることがありますが、これに関して、ある技術を自社が共同研究開始前から有していた、ということを証明する場合にもタイムスタンプが有効です。

もう一つの用途は、電子署名の有効性を確認することです。これを次のセクションで述べます。

なお、一部の法的な手続きのためには、「確定日付」が必要ですが、タイムスタンプは確定日付としては使用できません。詳しくは81ページ 3-6 タイムスタンプと確定日付【発展＝法律的】をご覧ください。

---

[22] 例えば、厚生労働省「医療情報システムの安全管理に関するガイドライン」
https://www.mhlw.go.jp/stf/shingi2/0000166275.html
[23] 132ページ 6-3（5）トラストサービスについてを参照

（2） タイムスタンプによる電子署名の有効性の確保

　電子証明書には有効期限があります（通常、1年から5年程度）。この有効期限内に行われた電子署名が有効な電子署名で、有効期限後の署名は無効です。例えば、電子証明書の有効期限が2019年12月31日までの場合、2019年8月1日に行った電子署名は有効です。この電子署名は、裁判が（証明書有効期限後の）2020年に行われたとしても有効ですが、その有効性を主張するためには、2019年12月31日までに署名されたことを証明する必要があります。

　電子署名にタイムスタンプを施すことにより、電子証明書の有効期限内に行われた電子署名だと証明することが可能になります。実際には、電子契約システムなどにより、署名対象の電子文書と電子署名にタイムスタンプを付して保存しています。なお、タイムスタンプにも10年程度の有効期限がありますが、それよりも長期間にわたって有効性を保持するための技術に、長期署名があります。これについては、104ページ **4-4 長期保存【発展＝技術的】**をご覧ください。

2-5 電子委任状法

> 電子委任状法は、代表取締役が社員に代理権を与える「電子委任状」に関するものです。
>
> 認定電子委任状取扱事業者は、電子証明書に社員の代理権や役職などについて法的裏付けをもって記載することができます。
>
> BtoB では、取引の相手方の現住所等よりも相手の会社での役職や権限が重要ですので、電子署名法の認定よりも電子委任状の認定が重要になると思われます。

（1） 電子委任状法の施行

BtoB の取引では、法人代表者（代表取締役等）が職員等に代理権を与えて、契約などを行わせることがあります。従来は紙の委任状を作成して、代理権限を明らかにしてきました。こうした委任状の電子化に関する法律が電子委任状法であり、2018 年 1 月 1 日に施行されました。

（2） 電子委任状法の概要

電子委任状法でいう「電子委任状」は、法人代表者が職員等に代理権を授与する電子文書（電子委任状法 2 条 1 項）ですが、同法で主として対象としているのは、（認定認証業務などの）信頼できる機関の電子証明書に基づく電子署名が付されている電子委任状です。このような電子委任状を「特定電子委任状」といいます（電子委任状法 2 条 4 項）。以下で言及する電子委任状は、特に断りのない限り、特定電子委任状を指します。

電子委任状法は、一つの案件に関する委任だけでなく、一定期間にわたる権限を示す電子委任状、いわば定期券のような電子委任状をも対象

としています。例えば、2 年以内に行われる公共入札を行う権限ですとか、関西支社長である期間において関西支社に関する契約を行う権限などが挙げられます。

電子委任状の形式としては、3 つの形式があります（電子委任状の普及を促進するための基本的な指針　第 31 ニ）[24]。

① 委任者記録ファイル方式　委任者（代表取締役等）が、電子委任状に電子署名するもの
② 電子証明書方式　電子証明の記載事項として代理権限を書きこむもの
③ 取扱事業者記録ファイル方式　委任者から委託された事業者が電子委任状に電子署名するもの

電子委任状法では、電子委任状を取り扱う事業者として、「電子委任状取扱事業者」を規定しています（電子委任状法 2 条 3 項、同施行規則 2 条 2 項一号カッコ書き）。電子委任状取扱事業者は、委任者から電子委任状を受け取る（上記①）か、委任者から指示された内容の電子証明書（上記②）または電子委任状を発行（上記③）して、管理します。電子委任状は一定期間にわたって有効ですが、途中で委任内容を停止、変更などにより失効することもあります。電子委任状取扱事業者は、電子委任状の有効性管理も行います。つまり、電子委任状取扱事業者は、電子証明書における認証業務と同様の役割を果たすことになります。電子委任状取扱事業者についても、認証業務と同様に、認定制度があります（電子委任状法 5 条）。認定を受けた電子委任状取扱事業者が扱う電子委任状であれば、委任権限に関して法的裏付けを持ちます。

電子委任状法の認定を受けるためには、電子委任状取扱事業者は、電子委任状への委任権限の記載にあたって、代表取締役による指示であって、認定認証業務が発行した証明書か商業登記による電子証明書に基づく電子署名または登録印（実印）の押印があることを確認しなければいけません（電子委任状の普及を促進するための基本的な指針　第 4・1

---

[24] 電子委任状に関する具体的な内容は、電子委任状を促進するための基本的な指針（平成 29 年総務省・経済産業省告示第 3 号）に記載されています（172 ページ電子委任状法 3 条参照）。

四）。また、電子証明書形式の電子委任状を発行する場合には、電子署名法の認定認証業務になるか、Web Trust または ETSI の監査を受ける必要があるほか、ISMS の認定を取得しなければなりません（同指針第4・2）。

(3) 電子委任状の活用

　前述の3つの形式のうちで、最初に普及が進みそうな形式は②電子証明書方式です。電子証明書には、本人の氏名等や公開鍵が記載されますが、ここに、会社への所属、権限、（権限を伴う）役職などを書き込む方法がとられます。なお、役職名を書くことにより権限を示すことも可能です。例えば、関西支社長という肩書を会社から与えられれば、関西支社の契約に関する権限を与えられたとみるのが普通ですので、そのような肩書きを会社が与えたとすれば、それに伴う権限も与えたものと考えられます。

　BtoB（企業間）の契約でも、重要なものでなければ、代表取締役ではなく担当取締役等の役職者によって行われている実態があります。このような契約を電子化するにあたって、電子委任状法にもとづく電子証明書で所属・役職が明記されたものを用いると、BtoB の契約の電子化が加速されるものと思います。

　所属・役職が書かれた電子証明書形式の電子委任状には、所属・役職・氏名等と公開鍵が含まれていますから、通常の電子証明書と名刺を合わせたような機能を持ちます。

◆図表 2-12　電子署名法と電子委任状法の認定

| | | 電子委任状法 | |
		認定取得 （認定電子委任状取扱事業者） 〈代表者の意思表示を確認〉	認定なし 〈代理権の確認方法は任意〉
電子署名法	認定取得 （認定認証業務） 〈戸籍・住民票等が必要〉	類型 A 本人の確認（戸籍・住民票）、代理権の存在の双方に、法的な裏付けあり	類型 B 本人の確認（戸籍・住民票）には法的裏付けあり 代理権には法的裏付けなし
	認定なし （特定認証業務） 〈本人確認方法は任意〉	類型 C 本人の確認には法的裏づけなし 代理権の存在には法的裏付けあり	類型 D いずれにも、法的裏付けなし

（4）　電子署名法の認定と電子委任状法の認定

　電子署名法にも電子委任状法にも、電子証明書発行事業者の認定制度（電子委任状法5条）があります。この2つを比較してみます。

　電子署名法の認定をとった事業者は（**図表 2-12 の類型 B**）、電子証明書の発行にあたって、戸籍・住民票による本人性の確認が必要です。しかし、代理権は認定の対象外ですので、電子証明書に代理権や役職などが書かれていても、法的裏付けはありません。

　一方、電子委任状法の認定をとった事業者が電子証明書形式の電子委任状を発行する場合（類型 C）、代理権については、代表者の意思を確認しますので、法的裏付けを持ちます。しかし、発行対象者が戸籍の記載と一致するかどうかについては裏付けがありません。

　電子署名法と電子委任状法の両方の認定を受けることも可能です（類型 A）。このようにすれば、代理権の授与と本人の確認の双方に法的裏付けを得ることできます。しかし、このような認定を受けるコストは大

きくなりますし、戸籍や住民票の提出など、電子証明書の発行ための手間も大きいものになります。

　BtoB などの取引において、戸籍との一致が必要なケースは少ないと思います。通常の取引では、意思決定を行う者が、相手方の会社のしかるべき役職についていることが確認できれば十分であって、意思決定者の現住所や本籍を問題にすることは稀です。

　仮に、戸籍の記載と異なる氏名が書かれていたとしても、電子証明書に基づく電子署名を行った者が会社から権限を与えられているのであれば、その者が電子署名した契約は会社の契約として有効になります。会社が権限を与えたことさえ確認できれば、本名か通名や旧姓かが問題になることはまず考えられません。

　このように考えますと、BtoB に用いる電子証明書としては、類型 C の事業者が発行するものが有望だといえます。電子委任状法の認定があれば十分であって、電子署名法の認定はなくても大きな問題はないと思われるからです。また、社員の電子証明書の発行にあたって戸籍や住民票を出させることは簡単ではありませんから、電子署名法の認定をとらないほうが便利なケースも多いでしょう。発行の手間が少なく、会社の契約に効力を持つものとして、類型 C の事業者による電子証明書の発行が進めば、BtoB の電子契約の推進に拍車がかかるものと期待されています。

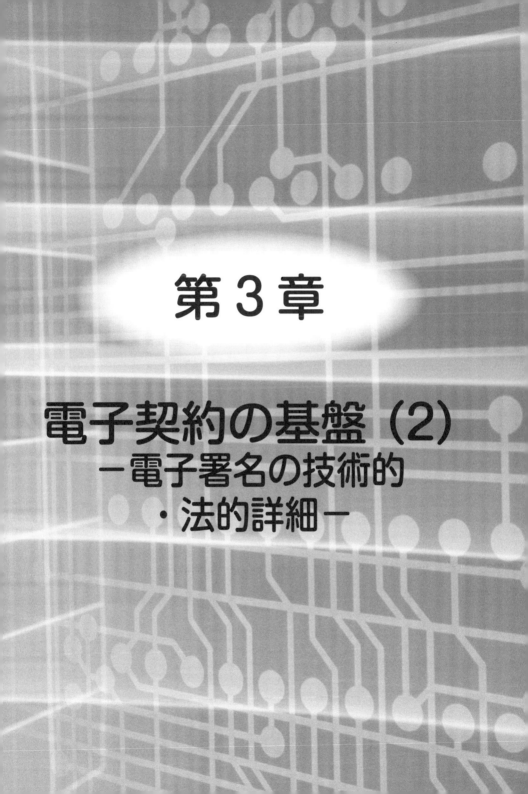

第3章

電子契約の基盤（2）
－電子署名の技術的・法的詳細－

3-1 公開鍵暗号と電子署名【発展＝技術的】

秘密鍵と公開鍵のペアを用いる公開鍵暗号と、電子文書を代表する値を計算するハッシュ関数が、電子署名の基礎技術です。

代表的な公開鍵暗号である RSA 暗号による電子署名が広く使われています。

電子署名は、公開鍵暗号の技術の応用により実現されています。ここではまず、公開鍵暗号等の暗号について説明して、それに基づいて電子署名を説明します。

◆図表 3-1 秘密鍵暗号（共通鍵暗号）

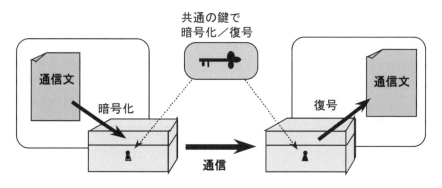

公開鍵暗号という名称は、秘密鍵暗号という暗号に対応して付けられました。秘密鍵暗号は、共通鍵暗号とも呼ばれるもので、暗号化に使う「鍵」と復号に使う「鍵」が同一の暗号です（図表 3-1）。本書では、共通鍵暗号と呼びます。ここでいう「鍵」は、物理的な鍵ではなく情報

です（通常、数十桁から百数十桁の数値を用います）。いわばパスワードのようなものだと考えればよいでしょう。共通鍵暗号を使用するときに問題となるのは、鍵の受渡しです。盗聴のおそれのある回線を通じて情報を送信する場合などに暗号を使うわけですが、その回線で鍵を送信すれば盗聴者に鍵が見られて暗号文を復号されてしまいます。したがって、鍵は何らかの他の方法で送らなければならないことになりますが、これは意外に面倒です。

◆図表3-2　公開鍵暗号

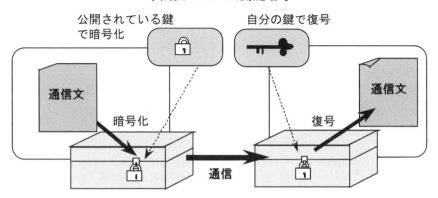

このような鍵配送の問題を解決するために、公開鍵暗号が発明されました。図表3-2に示すように、公開鍵暗号では、暗号化するための公開鍵と復号するための秘密鍵として、一対の別々の情報の情報を用います。秘密情報の受信側が公開鍵と秘密鍵のペアを作成し、公開鍵だけを送信側に送ります。送信側は、この公開鍵を用いて情報を暗号化します。この暗号文を復号できるのは、秘密鍵を持っている受信側だけです。なお、公開鍵を知っていても、ここから秘密鍵を求めることができない（不可能に近いほど難しい）仕組みになっていますので、通信回線を盗聴して公開鍵を取得した盗聴者であっても、暗号文を復号することはできません。公開鍵暗号で用いられる公開鍵や秘密鍵には、通常、600桁程度の数値が用いられます[25]。公開鍵暗号は高機能ではありますが、共通鍵暗号に比べて大きな計算量が必要です。そのため、公開鍵暗

号の機能と共通鍵暗号の高速性をうまく組み合わせた利用が行われています。

　電子署名は、いわば公開鍵暗号の公開鍵・秘密鍵を逆向きに使うものです。つまり、秘密鍵で暗号化し公開鍵で復号するという考え方です。電子署名を作成するときには、署名対象の電子文書に対して、秘密鍵を用いて、一種の暗号化処理を行います。また、電子署名の検証の際には、署名文に対して公開鍵を用いて、復号に相当する処理を行います。

　電子署名の実施にあたっては、ハッシュ関数という仕組みを使います。ハッシュ関数は、任意の大きさの文書を入力してその文書を代表する固定長の値を出力します（**図表3-3**）。この出力は、ハッシュ値またはダイジェストメッセージなどと呼ばれます。

◆図表3-3　ハッシュ関数の考え方

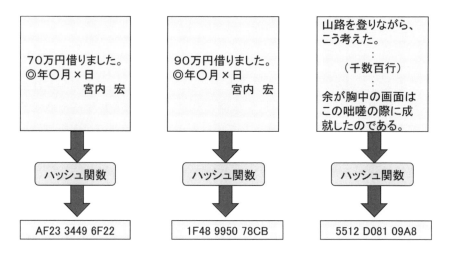

ハッシュ関数は、文書全体を代表する固定長のデータを作成するもの。一文字でも違っていれば全く違ったデータになる。また、文書の大きさにかかわらず固定の長さのデータを出力する。

---

[25] 楕円曲線暗号という技術を用いれば、数十桁程度の鍵を用いることも可能ですが、現在、最も広く使われている RSA 暗号においては、600桁以上の鍵を用いています。

入力される文書が同じであれば、ハッシュ値は同じものになりますが、入力が異なればハッシュ値は異なるものとなります[26]。**図表3-3**の左側2つの文書は、一文字しか違っていません（70万円を90万円に変えただけ）ですが、出力されるハッシュ値は全く異なるものになります。また、**図表3-3**の右端の文書は他の文書よりも大きな文書ですが、出力されるハッシュ値の桁数は、他の文書と同じになります。なお、ハッシュ値を与えられて、そのハッシュ値を出力するような文書を作成すること（逆変換）は、現実的には不可能なほど難しくなるように設計されています。

　電子署名は、公開鍵暗号とハッシュ関数を用いて実現することができます。以下では、最も広く使われている公開鍵暗号であるRSA暗号を用いる方法を説明します。

　公開鍵暗号の本来の使い方は、公開鍵で暗号化した暗号文は、その公開鍵に対応する秘密鍵を用いて復号できるというものです。公開鍵暗号の一種であるRSA暗号も公開鍵で暗号化して秘密鍵で復号する機能を持っているのですが、RSA暗号に特徴的な性質として、公開鍵と秘密鍵を逆にして使うことができる、すなわち、秘密鍵を用いて暗号化し、公開鍵を用いて復号することが可能です。つまり、公開鍵で正しく復号できるということは、その公開鍵に対応する秘密鍵を用いて暗号化したこと、つまり、秘密鍵を持つ本人が作成した暗号文であることを確認できるのです。これが、RSA暗号を用いた電子署名の原理です（次ページ**図表3-4**）。

---

[26] 厳密に言えば、きわめて低い確率（例えば、10の150乗分の1程度、すなわち0.のあとに0が約150個続いたあとに1などの数字が出てくるもの）で異なる入力から同一の出力が得られます。しかし、これは、実用上無視できるほどの小さな確率です。

◆図表 3-4　RSA 暗号を用いた電子署名の原理

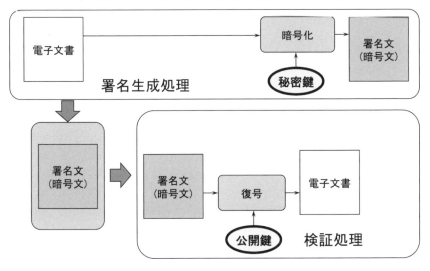

　図表 3-4 の方式でも、電子署名の機能としては十分なのですが、実は性能（処理時間）の問題があります。RSA 暗号などの公開鍵暗号は、暗号化や復号に要する計算量が大きいため、大きな電子文書を対象とすると計算時間が大きくなりすぎることになります。そこで、前述のハッシュ関数を用います。一般にハッシュ関数は、公開鍵暗号に比べてはるかに高速（1000 倍以上が普通）です。そこで、電子文書そのものではなく、ハッシュ関数を通した結果（ハッシュ値）を対象に、暗号化及び復号を行う方法をとります。

◆図表 3-5　RSA 暗号を用いた電子署名の生成

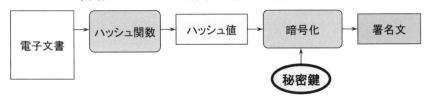

　電子署名の生成は、電子文書をハッシュ関数に入力してハッシュ値を計算し、このハッシュ値を秘密鍵で暗号化します。こうしてできた暗号

文を「署名文」と呼びます。署名付文書は、署名対象の電子文書と署名文の組になります。

◆図表3-6　RSA暗号を用いた電子署名の検証

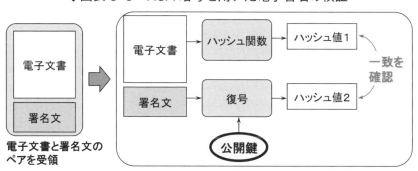

電子署名の検証にあたっては、署名対象の電子文書と、署名文及び公開鍵を用います。まず、（署名生成時と同様に）電子文書をハッシュ関数に入力してハッシュ値を作成します（**図表3-6**の「ハッシュ値1」）。一方、署名文を公開鍵で復号して、ハッシュ値を復元します（**図表3-6**の「ハッシュ値2」）。ハッシュ値1は、電子署名生成時と同じ処理をしていますから、署名時の電子文書と検証時の電子文書が同一であれば、署名時のハッシュ値とハッシュ値1は同一になります。また、ハッシュ値2は、署名時のハッシュ値を暗号化した署名文を復号したものですから、ハッシュ値2も署名時のハッシュ値と同一です。

つまり、署名時から対象となる電子文書が変わっておらず、かつ、署名時に本人の秘密鍵を用いていれば、**図表3-6**のハッシュ値1とハッシュ値2は一致します。逆に、この2つが一致したとすると、電子文書が変わっていないこと（非改ざん性）と、本人だけが持つ秘密鍵を用いて署名文が生成されたこと（本人性）を確認できるわけです。この性質により、RSA暗号を用いた電子署名は電子署名法2条1項の電子署名の要件を満たすものとなります。

RSA暗号以外の方式の電子署名を用いる場合には、もう少し複雑な計算を行いますが、電子文書、署名文、公開鍵の3つを用いて正当性を

検証できる点に違いはありません。

　RSA 暗号に次いで用いられている署名方式に、ECDSA 方式という方法があります。これは、楕円曲線という複雑な数学を応用した方法で、比較的サイズの小さい鍵で安全性が保てるものです。例えば、鍵長 2048bit（約 618 桁）の RSA 暗号と同程度の安全性を実現する場合には、ECDSA では鍵長 224bit（約 68 桁）ですみます。IC カードのように記録容量に限りがある用途では、ECDSA が向いている場合が多くなります。

　電子署名法 2 条 3 項に定める技術的要件は、電子署名法施行規則 2 条に具体的な規定があります。RSA 暗号による電子署名は、同条 1 号の「ほぼ同じ大きさの二つの素数の積である 2048 ビット以上の整数の素因数分解」の困難性に基づく方式にあたります。同条 2 号以下に該当するものの例としては、DSA 方式（同条 2 号の 2048 ビット以上の有限体の乗法群における離散対数の計算に基づく方式の一つ）、ECDSA 方式（同条 3 号の 224 ビット以上の楕円曲線上の離散対数の計算に基づく方式の一つ）などがあります。

3-2 二段の推定【発展＝法律的】

> 印鑑の場合には、印影→本人による押印→真正な成立という二段の推定が行われます。これと同様に、電子署名→本人による署名生成→真正な成立という推定がなされます。
>
> 一段目の推定は事実上の推定（証明責任の転換を伴わない）だとされていますが、二段目の推定については、法律上の推定説（証明責任の転換を伴う）と法定証拠法則説（証明責任の転換を伴わない）が対立しています。

(1) 印影または電子署名の存在からの真正な成立の推定

　民事訴訟法 228 条 4 項は、本人または代理人の署名または押印があれば、真正な成立（本人の意思による文書の作成）を推定する規定です。これと同様に、電子署名法 3 条は、本人による電子署名があれば真正な成立を推定するものです。いずれも、本人が押印したこと、本人が電子署名をしたことが、推定のための前提条件となっています。しかし、現実には、紙の文書には印影があるだけであって、誰が押印したのかは、ここからはわかりません。また、電子文書にしても、「本人の」電子署名があるのは確認できますが、「本人により」作成された電子署名かどうかは、これだけではわかりません。

　印鑑については、最高裁判例（最判昭和 39.5.12 民集 18 巻 4 号 597 頁）が、本人の印影があれば、本人の意思に基づく押印を推定できることを示しました。つまり、以下の二段階の推定により、印影から真正な成立が推定できることになります。

- ・一段目の推定：本人の印鑑による印影があれば、本人の意思による押印を推定する（上記最高裁判例）
- ・二段目の推定：本人の押印があれば、私文書の真正な成立を推定する（民事訴訟法 228 条 4 項）

　電子署名についても、同様に考えられています。すなわち、以下のようになります。

- ・一段目の推定：本人の電子署名があれば、本人の意思による電子署名の生成を推定する
- ・二段目の推定：本人による電子署名があれば、電子文書の真正な成立を推定する（電子署名法 3 条）

（2）　推定の性質（法律上の推定と事実上の推定）

　このように、印影や電子署名があれば、真正な成立が推定されます。ここでは、この場合の推定の効力について、述べておきます。

　まず、推定とは、前提となる事実（前提事実）が証明されれば、裁判において、ある事実（推定事実）があったものとして扱うものです。ただし、前提事実を認めた上で、推定事実を否定することが許されています[27]。例えば、「確かに私の印鑑の印影があるが、この印鑑は盗難にあっており、他人の手に渡ったものなので、私が押印したものではない」あるいは「私が押印したのは事実だが、文書内容が書き換えられているので、その部分は私の意思によるものではない」という反論が可能です。

　次に、推定の効力には 2 種類のものがあります。これは、証明責任の転換の有無による違いです。まず、証明責任について説明します。一般に、ある法的効力（例えば、契約書を証拠として提出すること）を求める者は、そのための前提条件を証明する責任を負っており、前提条件が存否不明の場合には、証明ができなかったものとして扱われます。文書の真正な成立について言えば、証拠として提出する側に証明責任があり

---

[27] 推定と似たものに「みなし」があります。「A ならば B とみなす」と書かれている場合には、推定と異なり、A を否定しない限り B に反論できません（確かに A ではあるが B ではない、という反論が許されません）。推定の場合には、A を認めつつ B を否定することが可能です。

ます。したがって、双方の主張立証により、真正な成立の存否が不明の状態になった場合には、真正に成立していないのと同じ結果になるのです。

　問題は、前提事実が証明されている場合で、推定事実に反論があり、推定事実が存否不明になった場合にはどのように扱われるか、ということです。このときに、反論する側が「推定事実が存在しない」というところまで証明しなければならない（存否不明の場合には、推定事実があるとして扱われる）場合には、証明責任が転換されているといいます（例えば、真正な成立に反対する者は、真正な成立が存否不明になれば勝てるのですが、推定の効力により、真正な成立が存在しないことまで証明する必要が出てくることになります）。このような強い効力を持つ推定を「法律上の推定」といいます。また、証明責任の転換を伴わない推定（反論する者は、推定事実が存否不明であるところまで立証すればよく、推定事実が存在しないところまでの証明を要しない）を「事実上の推定」と呼びます。

　なお、「法律上の推定」及び「事実上の推定」は、推定の効力についての用語であって、その推定が法律に書かれているかどうかを言っているわけではありません。ですから、「法律に書かれている事実上の推定」ということもありえます。

（3）　一段目は事実上の推定だが二段目は両説がある

　さて、二段の推定について、「法律上の推定」なのか「事実上の推定」なのかを考えます。

　一段目の推定については、「事実上の推定」であるとされており、これに反対する学説等はほとんどありません。ですから、印影の存在から本人による押印の推定は、本人による押印の有無を真偽不明にすれば（本人による押印を疑わせる程度の証明で）破られることになります。

　二段目の推定については、「法律上の推定説」と「法定証拠法則説」（これは、事実上の推定と同じ効力です）が対立しています。

法律上の推定ですと、本人が押印したことが証明されれば、本人の意思によるものでないことを証明しない限り、本人の意思により作成された文書であるとされます。法定証拠法則（事実上の推定）であれば、本人が押印したとしても、本人の意思により作成されたかどうかが不明な程度に持ち込めば、本人の意思により作成された文書ではないとされます。

　実務や通説は、法定証拠法則説によっています[28]。例えば、文書に書き足した部分があって、それが押印前の書き足しか押印後の書き足しかが不明の場合、法律上の推定説では最終的な文書の真正な成立が認められますが、法定証拠法則説によれば真正な成立は認められません。書き足しの時期を押印した側が証明するのは困難ですから、実務的には法定証拠法則説がとられているのが納得できます。

　電子署名の場合についても、ほぼ同様の議論が成立します。しかし、電子署名の場合には、本人の電子署名がある場合に電子文書そのものの改ざんはできません（改ざんすれば簡単に発覚します）ので、文書の内容の変更については、法律上の推定説をとっても法定証拠法則説をとっても違いが出る場面は少なそうです。しかし、計算機を使って署名しますので、その際の文書の確認の誤動作などが問題になって真正な成立が存否不明になる可能性もあります。電子文書の受領者の側としては、法定証拠法則説により判決されることを考えて、真正な成立が存否不明にならない程度のシステム的な管理がされていることを確認しておくべきだと思われます。

---

[28] 司法研修所「民事訴訟における事実認定」、法曹会、2007 年 11 月、102 頁以下

> 　電子証明書は、ITU-T の規格に基づいて構成されています。
> 　基本領域、拡張領域への記載内容が規定されており、これに従って本人に関する情報や用途などが記載されます。

　電子証明書は、ITU-T の規格である X.509 に基づいて構成されています。詳細は、規格書や専門的な書籍[29]を参照していただくことにして、ここでは、記載内容の概要を述べます。

　電子証明書の内容は大きく、以下の 3 つに分かれています。

---

① 　基本領域
② 　拡張領域
③ 　署名

---

① 　基本領域には、証明書のバージョン、証明書のシリアル番号、電子署名のアルゴリズム、発行者（認証業務名）名、有効期間、所有者（署名者）名、公開鍵などが記載されます。所有者名には、氏名の他に、国名、所属組織名などを記載できます。
② 　拡張領域には、発行者代替名、所有者代替名、鍵の用途などが記載されます。所有者代替名には、氏名、住所、生年月日、性別など、いろいろな情報を記載することが可能です。鍵の用途としては、電子署名、暗号化、利用者認証などの中から、どの用途に用いる鍵なのかを明記します。

---

[29] 小松他、「PKI ハンドブック（改訂版）」ソフトリサーチセンター、2004 年 11 月

③　署名は、基本領域、拡張領域の情報に対する発行者（認証業務）の電子署名です。いわば、印鑑証明書に対する地方公共団体首長の押印に相当するものです。この電子署名の検証により、公開鍵とその公開鍵の所有者を確認することができます。

政府は、立会人型電子署名であっても、本人の電子署名として扱いうるとの見解を示しました。電子署名法にいう電子署名は、行為（プロセス）としての電子署名、すなわち署名文を生成する処理のことをいいます。

政府は、利用者の認証に基づいてサーバーが自動的に処理をする場合について、これら一連の処理をもって（サーバーではなく）利用者の電子署名であるといえるとの見解を示しました。

（1）　情報としての電子署名と行為としての電子署名

政府は、立会人型電子署名の電子署名法２条１項に定義される電子署名の該当性について、Q&A 形式の見解を示しました[30]（以下、この見解を「２条政府見解」といいます）。

まず最初に説明しておきたいのが、情報としての電子署名とプロセス（行為）としての電子署名との区別です。

①　情報としての電子署名：電子文書に付された情報（データ）。署名文や署名値ともいう
②　行為としての電子署名：情報としての電子署名を生成する行為（プロセス）

一般の用語としての電子署名は、電子文書に付された情報（データ）を意味するだけでなく、「電子署名をする」というプロセスや行為を意

---

[30] 利用者の指示に基づきサービス提供事業者自身の署名鍵により暗号化等を行う電子契約サービスに関する Q&A（総務省、法務省、経済産業省）
https://www.soumu.go.jp/main_content/000697715.pdf

味することもあります。本書では、ここまで、両者の意味を厳密に区分せずに使ってきました。それは、従来のローカル署名においては、情報としての電子署名と、行為としての電子署名（秘密鍵を用いた暗号的処理の実施）の関係が密接であること、すなわち、情報としての電子署名が得られれば、行為としての電子署名があったことがほぼ確実だからです。このような状況においては、情報としての電子署名と行為としての電子署名を厳密に区分する大きな必要性はありませんでした。しかし、2条政府見解を理解するためには、この違いを意識する必要があります。

（2）　電子署名法でいう電子署名は行為としての電子署名

電子署名法における電子署名は、上記の②「行為としての電子署名」を意味します。電子署名法3条は、本人による電子署名であって一定の基準を満たすものがあれば、真正な成立を推定すると規定しています。これと対応する紙文書の場合の規定が民事訴訟法228条4項で、本人による押印により真正な成立を推定します。ここでの「本人による押印」は明らかに（情報ではなく）行為です[31]。この点に注目すれば、電子署名法でいう電子署名が行為を意味していることが理解できると思います。

（3）　政府見解における立会人型電子署名と電子署名法の関係

電子署名法2条1項では、電子署名とは、作成者の特定（同項1号）と改変の有無の確認（同項2号）が可能な「措置」であるとしています。立会人型電子署名では、表面的には、この措置を行うのはサーバーであるようにみえます。しかし、立会人型電子署名の処理は、立会人型

---

[31] 文書に付された印影からの、押印行為を推定については、67ページ3-2（1）印影または電子署名の存在からの真正な成立の推定参照

電子署名を提供するサービス事業者の意思によるものではなく、サービス利用者（契約等の当事者）の意思のみによって行われます。これについて、2条政府見解は、以下のように述べています（ここでいう「当該措置」は、電子署名法2条1項で定義される電子署名を意味します）。

> 利用者が作成した電子文書について、サービス提供事業者自身の署名鍵により暗号化を行うこと等によって当該文書の成立の真正性及びその後の非改変性を担保しようとするサービスであっても、技術的・機能的に見て、サービス提供事業者の意思が介在する余地がなく、利用者の意思のみに基づいて機械的に暗号化されたものであることが担保されていると認められる場合であれば、「当該措置を行った者」はサービス提供事業者ではなく、その利用者であると評価し得るものと考えられる。

　このように、政府見解は、立会人型電子署名であっても、電子署名法2条1項1号及び2号を満たすものであって、サービス事業者の意思が介在しないものであれば、本人（利用者、契約等の当事者）の電子署名だと評価できうることを示しました。なお、作成者の特定（電子署名法2条1項1号）のために、「利用者やその日時等の情報を付随情報として確認することができる」ことが条件とされています。

（4）　本人の電子署名にあたるのは一連のプロセス

　以上、述べてきたように、電子署名法で定義されている電子署名は、行為（プロセス）としての電子署名です。特に立会人型電子署名の場合には、少なくとも以下の処理を含むプロセスだと考えられます。

> ①　サーバーによる利用者の確認（認証）
> ②　利用者情報を付随情報として提供
> ③　サーバーによる署名（デジタル署名）の生成

　つまり、立会人型電子署名は上記①～③を含む処理を行うことです。また、本人（利用者、契約当事者等）の電子署名であるという意味は、

①～③を行った者は法的には本人であると評価できるという意味になります。

　ここで注意したいのは、電子文書に付された署名文（情報としての電子署名）をもって電子署名法上の電子署名としているのではないということです。また、署名文だけからでは、①～③の処理が行われたことを示すのは簡単ではないようです。これについて、サーバー管理者（立会人型電子署名サービス事業者）が正当な処理をしたことの証明が必要になる可能性があります。

　しかし、立会人型電子署名については、標準やガイドラインはありませんので、正当な処理についての監査などの第三者による確認制度もありません。また、事業者にとっても、どこまでの安全性を備えるべきかについての基準もない状況です。今後の立会人型電子署名の発展のために、ガイドラインや基準の策定が強く望まれるところです。

立会人型電子署名への電子署名法3条の適用【発展＝法律的】

立会人型電子署名が本人の電子署名だと評価しうるとの見解に基づいて、政府はさらに、立会人型電子署名に電子署名法3条が適用できる可能性があることを示しました。適用可能となるための固有性（本人だけができる電子署名であること）の基準は明確になっていませんが、かなり高いレベルの安全性が必要であると思われます。

立会人型電子署名の安全・安心な活用のためには、政府などによる基準やガイドラインの制定が強く望まれます。

（1）　電子署名法3条の推定効のための3要件

政府は、2条政府見解に基づいて、立会人型電子署名と電子署名法3条の推定効との関係についての見解[32]を示しました。この見解を以下では「3条政府見解」といいます。

一般的に、電子署名法3条を適用して真正な成立の推定を得るための要件は、以下の3点です。これらは同条にいう「本人による電子署名（これを行うために必要な符号及び物件を適正に管理することにより、本人だけが行うことができることとなるものに限る。）」を満たす必要性から導出されるものです。

・　電子署名法2条1項の電子署名があること
・　その電子署名が、本人（契約当事者）によるものであること
・　固有性の要件を満たすこと（3条かっこ書の「本人だけができることとなる」ための要件）

---

[32] 利用者の指示に基づきサービス提供事業者自身の署名鍵により暗号化等を行う電子契約サービスに関するQ＆A（総務省、法務省、経済産業省）
https://www.soumu.go.jp/main_content/000705576.pdf

これらの要件は、立会人型電子署名については、次のようになります。

---

① 　２条政府見解にいう電子署名であること
② 　立会人型電子署名の利用者が、本人（契約当事者）であること（３条政府見解　問4）
③ 　固有性の要件を満たすこと（３条政府見解　問2）
　(a) 　利用者認証が固有性の要件を満たすこと
　(b) 　事業者のプロセスが固有性の要件を満たすこと

　このうち、①については前章で述べましたが、サーバーが利用者を確認していることやサーバーのデジタル署名を行うことが要件となっています。また、真正な成立を推定するためには、対象となっている電子文書に対する利用者の作成意思（当該電子文書に電子署名を生成する意思）をサーバーが確認していることも必要だと思われます。以下では、②及び③について述べていきます。

(2) 　本人性の要件

　推定効のための３要件のうちの②は、38ページ2-3（6）認証業務の選択で述べた本人確認（ここでは、ログイン時の本人確認と区別するため、「身元確認」といいます）に相当するものです。立会人型電子署名の事業者は、利用者について、利用開始時に一定の身元確認を行います。その身元確認のレベルによっては、その利用者が実世界の誰なのかが簡単にはわからないこともありえます。

　民事訴訟で、電子署名法３条による真正な推定を得るためには、電子署名が、対象の電子文書を作成したとされる者（作成名義人、本人）によるものであることを証明する必要があります。事業者による身元確認で不十分な場合には、電子文書を証拠提出する側において、本人によるものであると証明するための証拠を集める必要性が出てきます。

　立会人型電子署名においては、メールの到達性などの簡易な身元確認で済ませることが多いので、結果として、実世界の誰の電子署名なのか

の証明が難しくなることがありえます。このような場合には、電子署名法3条適用のための要件を満たせないことになりかねません。

（3） プロセスの固有性の要件

電子署名法3条のかっこ書は、推定効を得るための電子署名について「これを行うために必要な符号及び物件を適正に管理することにより、本人だけが行うことができることとなるものに限る」との限定を置いています。この本人だけができることを、固有性と呼んでいます。

当事者型電子署名、特にローカル署名であれば、十分に安全な署名アルゴリズムを用いることにより、「秘密鍵を安全に管理しさえすれば、他人には電子署名が生成できないこと」を保証できます。

立会人型電子署名の場合には、サーバーに接続した利用者の認証（当該利用者以外の者による接続でないことの確認）と、サーバーにおける処理の安全性（情報セキュリティ対策等により、他人による利用ができないこと）が必要となります。これが、前述の③（a）及び（b）にあたります。

3条政府見解には、③（a）及び（b）について一定の記載があります。③（a）の利用者認証については、二要素認証などが固有性を満たすものの例として挙げられています。一方、③（b）のプロセスの固有性については、参考文献を挙げるにとどまっており、基準についての具体的記載は行われていません。

今後、公的機関または業界団体による、基準やガイドラインを整備し、それに基づいて固有性の判断が可能になるようにしていくことが必要だと考えられます。また、基準等がなければ、これに関する監査もできませんから、安心して使えるという状態にはなりにくいと思われます。

なお、プロセスの固有性は「本人だけが行うことができる」ことを表していますが、この「本人だけが行うことができる」という文言は、電子署名法2条3項の特定認証業務の要件としても記載されており、その内容は、鍵長2048bit以上のRSA暗号などの極めて安全な暗号アルゴ

リズムを使うものとされています（同法施行規則2条）。このような規定に鑑みますと、電子署名法3条の固有性もかなり高いレベルの安全性が要求されるものと考えられます。

（4）　固有性の要件の裁判における判断について

　立会人型電子署名が実際の裁判で争点になったときに、78ページ③の固有性はどのように審理されるかを検討してみたいと思います。

　第三者が電子署名に電子署名法3条を適用するためには、78ページ①〜③を証明する必要があります。ここで仮に、①②は証明されたものの、③は証明できなかった場合を考えます。この場合でも、①システム利用者がログインして対象の電子文書への署名を要求したこと、②そのシステム利用者が対象の電子文書の作成名義人であること、が証明されていることになります。この①②により、通常の状況では、対象の電子文書が作成名義人の意思による作成であること、すなわち真正な成立が推認できると思われます。

　このように考えますと、通常は①と②の要件が満たされれば、③の充足の有無にかかわらず真正な成立を証明できますので、③の要件を検討する意義には疑問が生じます。すなわち、裁判において、固有性の要件③が争いになり、これについて裁判所が判断するということは、例外的なケースを除いて生じないのではないか、とも思われます。ただし、ご注意いただきたいのは、③自体の判断が行われない場合でも、③の要件が無関係になるわけではないということです。①や②の証明において、利用者の認証に安全な方法が使われていること、プロセスの安全性などが必要となるケースが多いと思います。すなわち、③の要件は、実は①と②に含まれているか、そうでなくても大きな影響があると考えられるのです。①②と③の関係などについては、裁判例が望まれるところです。

3-6 タイムスタンプと確定日付【発展＝法律的】

> 確定日付を必要とする法律上の手続きがあります。
> タイムスタンプは確定日付の効果はありませんが、確定日付が必要なものは債権譲渡など限られたものだけです。

　一部の法律では、効力を生じるためには「確定日付」を必要とするものがあります。例えば、債権（請求権）の譲渡の場合です。債権は（特別な合意がない限り）他人に売ることができます。しかし、債権自体は形のないものですから、二重に譲渡することがありえます。このような場合に、譲受人が自分こそが本当の譲受人だと他の譲受人に対して主張する（対抗する）ためには、債務者への通知または債務者の承諾であって、確定日付が付された文書が必要になります（民法 467 条 2 項）。

　確定日付は、民法施行法 5 条に記載されたものだけが該当するもので、公証役場により発行されるものと内容証明郵便がこれにあたります。したがって、民間で発行するタイムスタンプは、確定日付にはなりません。

　法律上、確定日付が要求されている場合には、ある文書の成立の日時を別の方法で証明しても効果がありません。上記の債権譲渡の場合、譲渡の日付を証言などで証明しても、他の譲受人に対しての対抗力（主張できる効力）はないのです。したがって、法律上、確定日付が必要なものについては、タイムスタンプでは不十分であり、公証役場か内容証明郵便によらなければなりません。

　ただし、確定日付が必要とされている取引・手続きは少ないので、ほとんどの取引については確定日付をつける必要はありません。確定日付が必要な取引・手続きの主なものを以下に列挙しておきます。

① 対抗要件等のために確定日付が必要なもの

　　　債権譲渡等：

　　　　　民法467条（債権譲渡）

　　　　　民法515条（債権者交代）

　　　　　信託法94条（受益権の譲渡）

　　　　　民事執行法161条（執行官による債権の売却）

　　　質権設定等：

　　　　　国税徴収法15条（法定納付期限と質権設定の先後関係）

　　　　　地方税法14条の9（法定納付期限と質権設定の先後関係）

　　　　　宅地建物取引業法41条の2（手付金の保全の手続き）

　　　　　（大蔵省令）契約事務取扱規則5条（入札保証金に代わる担保設定）

② 信託の効力発生に関するもの

　　　信託法4条、相続税施行令1条の11

③ 公的事業（土地改良事業等）の公告後に、公告前の事実により登記を行う場合に確定日付が必要なもの

　　　土地改良法116条、土地区画整理法107条、入会林野等近代化法14条

④ 譲渡性預金の利子所得の起算日に関するもの

　　　租税特別措置法施行令3条の3、同施行規則4条

3-7 公的個人認証基盤の民間開放【発展＝法律的】

> マイナンバーカードには、電子署名のための電子証明書と秘密鍵とともに、利用者証明用（ログイン用）の電子証明書、秘密鍵も格納されており、マイナポータルへのログインなどに使われる予定です。
> マイナンバーカードによる電子署名やログインは、原則として公的機関に対してでしか使えません。ただし、総務大臣が認定した事業者に対しては用いることができますので、今後、BtoC や CtoC への利用拡大が期待されています。

（1） マイナンバーカードと公的個人認証基盤

　2015年10月から配布が始まったマイナンバーカード（個人番号カード）には、電子署名のための機能と情報（電子証明書と秘密鍵）が搭載されています（この点は、住民基本台帳カードと同様です）。この電子証明書は、公的個人認証法に基づいて、地方公共団体からの申請により、地方公共団体情報システム機構（J-LIS）が発行しています。

　公的個人認証基盤の電子証明書は、いわば、印鑑登録証明書に相当する電子的なものです。マイナンバーカードの発行を住居地の地方公共団体に依頼することにより、特に拒否しない限り、公的個人認証の証明書と秘密鍵がマイナンバーカードに格納されます。

　従来の住基カードにも、公的機関への申請のための電子署名の機能が搭載されていました。マイナンバーカードの導入にあたって、以下の2つの点での拡大が行われました。

① 電子署名のための電子証明書だけでなく、ログイン等の場面で本人を確認するための利用者証明用電子証明書の発行も行うこととなったこと
② 総務大臣が認定する民間機関に対する電子文書への署名や、ログイン等への利用が可能となったこと

　図表3-7 に、住基カード及びマイナンバーカードに搭載されている電子証明書について示します。下線の部分がマイナンバーカードになって変更になった主な点です。

◆図表3-7　住基カード及びマイナンバーカードに搭載されている電子証明書

	カードに搭載されている公的個人認証（JPKI）の電子証明書	用　途	利用先機関
住基カード	署名用電子証明書 ・証明書シリアル番号 ・氏名、住所、生年月日、性別	電子文書（申請書等）への電子署名	公的機関(e-Tax、特許等出願、電子入札等)
マイナンバーカード	署名用電子証明書 ・証明書シリアル番号 ・氏名、住所、生年月日、性別	電子文書（申請書等）への電子署名	公的機関及び総務大臣が認定する民間機関
	利用者証明用電子証明書 ・証明書シリアル番号（氏名等は記載されない）	ログイン等、利用時の利用者認証	公的機関（マイナポータル等）及び総務大臣が認定する民間機関

（2）　公的個人認証基盤の構成と利用

　次ページ図表3-8 に公的個人認証基盤とその利用の全体像を示します。すでに述べたように、認証基盤の主な機能は、本人を確認した上で

の電子証明書発行、電子証明書の失効の受付及び失効情報の提供です。

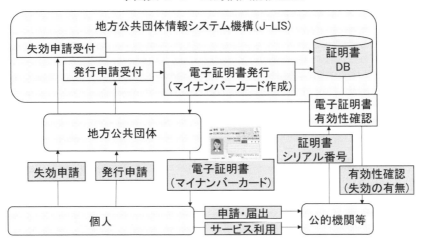

◆図表3-8　公的個人認証基盤

（3）　公的個人認証基盤の民間開放

　従来（法改正前）は、公的個人認証に基づく電子署名は、原則として公的機関への申請等に署名する場合にしか使えませんでした。しかし、公的個人認証法の2015年改正により、総務大臣の認定を受けた民間事業者に対する電子文書に署名する場合にも用いられるようになりました[33]。

　例えば、金融機関の口座開設の申込みなどに公的個人認証の署名を用いることが期待されています。今後、総務大臣の認定が広がれば、民間における電子契約に公的個人認証基盤を用いることができる可能性があります。これにより、企業間（BtoB）だけでなく、企業と個人の間（BtoC）や個人間（CtoC）の取引の電子化に弾みがつくことも期待でき

---

[33] 認定を受けた事業者のリストは、総務省のホームページ「公的個人認証サービスによる電子証明書（民間事業者向け）」
https://www.soumu.go.jp/kojinbango_card/kojinninshou-02.html の「総務大臣認定事業者一覧」から閲覧できます。

ます[34]。

　上述のとおり、マイナンバーカードには、署名用電子証明書と利用者証明用電子証明書の２つの電子証明書が搭載されています。署名用電子証明書は電子文書に対して本人の電子署名を行うためのもの、利用者証明用電子証明書はサービス利用時のログインなどの用いられるものですが、この２つを組み合わせた利用方法も検討されています。

　利用者証明用電子証明書は、リモート署名（44 ページ **2-3 署名生成法の多様化（3）リモート署名**参照）での利用も期待されています。リモート署名により電子契約等を行う場合には、サーバーへのログイン時の本人確認がきわめて重要です。そのため、公的個人認証基盤の利用者証明用電子証明書を利用して確実な本人確認を行うことが期待されているわけです。

（4）　公的個人認証基盤の利用例

　図表 3-9 に総務省が示している利用例を示します。

　この例は、金融機関の利用者がインターネットを介して口座開設の申込みを行い、開設された口座を用いてネットバンキングのサービスを利用する際の処理を示しています。マイナンバーカードには、署名用電子証明書と利用者証明用電子証明書が搭載されていますが、開設時には署名用電子証明書を用いて行い、ネットバンキングのサービス利用時には利用者証明用電子証明書を用います。以下、これらの処理を説明します。

　まず、口座開設について説明します。利用者は口座開設申込書を電子文書として作成し、これに利用者自身のマイナンバーカードに搭載されている署名用電子証明書に基づいて署名を生成します。その上で口座開設申込書、電子署名及び署名用電子証明書を金融機関に送ります。金融機関はまず、電子証明書の有効性を確認します。このため、利用者から

---

[34] これについては、上記（4）公的個人認証基盤の利用例で述べている他、95 ページ 4-1（3）BtoC の電子契約への発展（リモート署名・公的個人認証への期待）でも述べています。

◆図表 3-9　民間における公的個人認証サービスの利用例（総務省の資料をもとに簡略化）

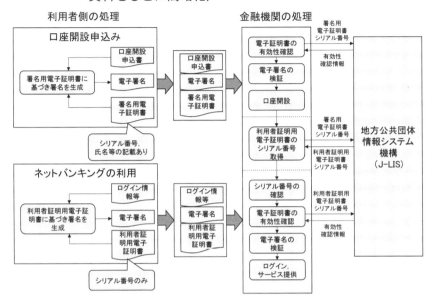

送られてきた電子証明書のシリアル番号を地方公共団体情報システム機構のサーバーに送って、有効性確認のための情報を得ます。この結果、電子証明書が有効であれば、有効性が確認された電子証明書に基づいて電子署名の検証を行います。電子署名が正当であることがわかれば、口座開設申込書が本人により作成されたことになりますので、口座開設の処理を行います。

　口座が開設されれば、利用者は利用者証明用電子証明書を用いてログインを行います。このために、金融機関はすでに受け取っている署名用電子証明書のシリアル番号を地方公共団体情報システム機構のサーバーに送って、その利用者の利用者証明用電子証明書のシリアル番号を教えてもらいます。署名用電子証明書には利用者の氏名等が書かれていますが、利用者証明用電子証明書には、証明書のシリアル番号しか書かれていないため、この利用者の利用者証明用電子証明書を特定するためにこのような処理が必要なのです。

以上のようにして、金融機関は口座を持つ利用者の利用者証明用電子証明書のシリアル番号を知ることができました。これを用いてネットバンキング利用時のログイン処理を行います。

　利用者は、今度は利用者証明用電子証明書に基づいて電子署名を生成します。この処理もマイナンバーカードを用いて行います。金融機関は、すでにこの利用者の利用者証明用電子証明書のシリアル番号を知っていますから、利用者から送られてきた利用者証明用電子証明書（ここにはシリアル番号しか書かれていません）が本当にその利用者の電子証明書であることを確認できます。正しい電子証明書であることが確認できれば、電子証明書の有効性確認及び電子署名の検証を行うことにより、ログインの正当性を確認します。

　このようにして、2つの電子証明書を活用することにより、金融機関としては確実な本人確認を行えますし、通常の利用は氏名等の個人情報が書かれていない電子証明書のやりとりで可能です。なお、利用者証明用電子証明書を用いた本人確認は、IDとパスワードによる方法に比べてはるかに安全性が高い方法ですので信頼性の高いサービス提供が可能です。

第4章

電子契約の
導入の実務

4-1 民間取引の電子化

電子取引の実現方法としては、ASP が効果的です。現在は、特定の企業を中心とするハブ＝スポーク型が主流ですが、今後は、参加者が自由な組み合わせで電子契約を行うメッシュ状の形態が可能になると思われます。

　ここでは、民間における電子契約の導入について述べます。なお、電子契約は官民間でも行われますし、公的機関への申請等にも電子署名を用いることができますが、これらについては、116 ページ **5-2 公的機関への電子申請・電子入札（e-文書法その他）** で述べます。

（1）　電子取引・電子契約のシステム化

　電子取引や電子契約を実現するにあたって、大きく分けて 2 つの方法があります。一つは個別のアプリケーションでの実現、もう一つは統合的なシステムやサービスによる実現です。いずれの場合でも、電子取引や電子契約を実施するためには、契約当事者の一方だけでなく双方が電子取引・電子契約を導入する必要があります。

　まず、単純な方法として、個別のアプリケーションによる方法を説明します。文書作成のアプリケーションの機能として、電子署名が可能なものがあります（例えば、Microsoft Word、Adobe Acrobat など）。このようなアプリケーションを用いて電子署名付の電子文書を作成し、その文書を相手方に電子メールで送ることにより、署名付電子文書の作成・送付が実現できます（**図表 4-1**）。電子文書の受領側でも、作成側と同じアプリケーションで電子署名の検証を行います。双方の署名が必要な場合には、受領側の電子署名を付け加えた上で送信側に返送することもできます。

◆図表 4-1　個別アプリケーションによる電子契約書の作成

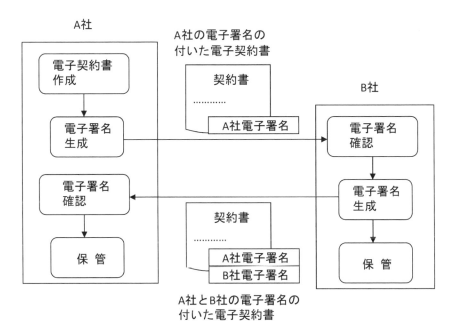

　このような方法により、単発の契約書の電子化は実現可能ですが、本格的に電子契約を導入するためには、機能が不十分なケースが多いのが実情です。例えば、発行または受領した電子文書の保存、検索などの電子文書の管理の機能や、電子署名の一括検証（複数の電子文書についてまとめて検証する機能）が必要な場合も少なくありません。特に電子帳簿保存法対応にあたっては、メールベースの方法は避けるべきです（このような方法では検索が大変です。さらに、保管しているメールのすべてを税務調査で開示する必要が生じる可能性があります）。また、長期間の保存にあたっては、前述の長期署名を行う必要がありますが、これを利用者自身が行うのは困難です。

　電子契約システムによる実現により、このような問題を解決することが可能です。電子契約システムは、オンプレミス（自社内のサーバでの運用）でも可能ですし、ASP（Application Service Provider。インターネット上で Web 等を介して行うサービス）による運用も可能です[35]。

ここでは、ASPによる実現例について説明します。

◆図表4-2 ASPによる電子契約の実現例

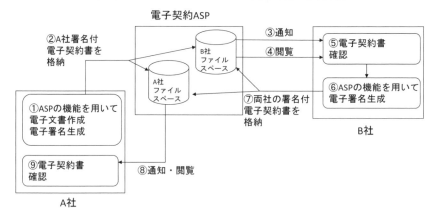

① A社は、ASPの機能を用いて、契約書の電子的な作成及びA社の電子
署名[36]の生成を行います。

② 電子署名付の電子契約書は、ASPのA社のファイルスペースに格納さ
れるとともに、B社のファイルスペースにも格納されます。

③ ASPからB社に新しい契約書が届いた旨の通知が送られます。

④ B社はB社のファイルスペースに格納された契約書（A社の電子署名
が付いているもの）を閲覧します。

⑤ B社は契約書の内容を確認します。

⑥ B社はB社の電子署名を生成し、電子契約書につけます。これにより、
A社・B社の両社の電子署名がついた電子契約書が完成します。

⑦ 両社の電子署名が付いた電子契約書が、ASPにおいてA社とB社の双
方のファイルスペースに格納されます。

⑧ ASPからA社に通知が行き、A社は完成した電子契約書を閲覧します。

---

[35] ASPの実現方法としては、クラウド、特にSaaS（Software as a Service）が考
えられます。

[36] 実際にはA社の代表取締役等の署名ですが、ここではA社の電子署名として扱
います。B社についても同様です。

このようなサービスを用いれば、電子文書の管理機能（保管・検索など）はサービス側から提供されますし、文書の状態（承認／拒絶されたかどうかなど）の把握や取引の相手方への通知もシステム機能で自動化できます。また、長期間の保存のための長期署名の処理も（104ページ **4-4 長期保存【発展＝技術的】**）サービス側で自動的に行うことができます。

なお、多くの電子契約システムでは標準化された文書フォーマットを用いますので、他のシステムに乗り換えるような場合に既存の電子文書をそのまま利用できることも多いものと考えられます[37]。

ここで、複数の署名を一つの文書に対して付ける場合について説明しておきます。**図4-2**のように一つの電子文書に複数の電子署名を付ける場合には、2つの方法があります。一つは、「本文＋A社電子署名」の全体を対象にB社が電子署名を付ける方法、もう一つは、B社も（A社の電子署名と同様に）本文だけを対象に電子署名を付ける方法です。たとえばPDFでは、一つのファイルの中のブロックとして本文や署名文を格納していますので、どちらの方式でも一つのファイルにこれらすべてが格納され、それぞれの電子署名について署名対象のブロックが指定されることになります。なお、いずれの方法であってもすべての電子署名の対象に本文が含まれていますから、本文に改変があれば、すべての電子署名が無効になります。

（2） 電子契約導入の形態

前述のとおり、電子契約を導入する場合には、契約当事者の双方が電子契約を導入する必要があります。ASPを利用した実現方法においては、当事者双方がASPに登録して利用することが必要となります。

現状では、当事者双方がたまたま同じ電子契約ASPを利用しているということはまずありません。したがって、電子契約を実施するために

---

[37] 各システムで独自の情報の埋め込み方をしていれば可搬性は損なわれます。どのような情報の格納方法をとっていくかは、システムベンダーに任されていますので可搬性については今後の展開を見ていく必要があります。

は、自社だけでなく相手の会社にも電子契約を導入してもらう必要があります。個別の契約相手との間でいちいち、電子契約を導入していくのは非常に大変ですので、現実に行われている方法は中心となる会社が取引先を引き込んでいわばハブ＝スポークの形態で電子契約を広げていくものです（**図表4-3**）。ハブとなる会社は、多くの取引先を持つ大きな企業であることが一般的です。例えば、大規模商店がハブとなって仕入先がスポークとなる例が挙げられます。このほかにも、大規模な製造業や建設業などがハブになる形態が考えられます。これらの具体例については、**第7章 電子契約導入事例**をご覧ください。

　今後、電子契約の普及が広がって多くの会社が何らかの形で電子契約を実施するようになることが期待されています。このような状況になれば新しい取引において、自社だけでなく取引先も電子契約を導入している可能性が大きくなります。この場合には、前述のハブ＝スポークだけでなくいわばメッシュ状に電子契約が可能になります（**図表4-4**）。各企業が、自由な組合せで電子契約を実施する形態です。ここまでくれば、いわば「電子契約が当たり前」という時代になることと思います。

◆図表 4-3　ハブ＝スポーク型の実現方法

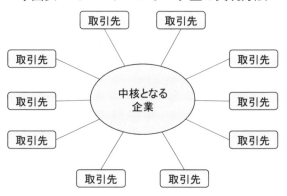

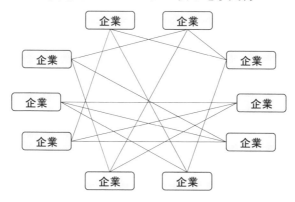

◆図表 4-4　メッシュ状の電子契約

（3）　BtoC の電子契約への発展（リモート署名・公的個人認証への期待）

ア　公的個人認証を用いたリモート署名の方式

　本書では、主として、企業と企業の取引（BtoB）について述べてきました。企業であれば取引に必要なコストや時間の削減の観点から電子証明書の発行を行うインセンティブが大きいのですが、個人については事情が異なります。個人が大きな取引をする機会は、不動産や自動車の売買など、一生に数回程度しかないことが多いので、そのためだけに手間のかかる電子証明書発行申請を行うことはなかなか期待できるものではありません。

　そこで期待できるのが、公的個人認証です。マイナンバーカードは、電子契約のためだけに発行されるものではなく身分証明やマイナポータルの利用など多くの用途に利用できるため、国民の多くが発行を受けるものと期待されています。公的個人認証の署名及び利用者証明の電子証明書は、マイナンバーカードに搭載されています[38]から、電子契約のためにわざわざ電子証明書の発行を受けなくてもその機能を用いることが

---

[38] マイナンバーカードの発行を受ければ、特に拒否しない限り電子証明書が搭載されます。

できます。

　しかし、83 ページ 3-7 公的個人認証基盤の民間開放【発展＝法律的】で述べたのように、公的個人認証による電子署名を受理できるのは公的機関と総務大臣が認定した民間組織に限られています。多数の企業が認定を受ければよいのですが、それは簡単には実現しそうにありません。

　そこで考えられるのが、電子契約等の電子取引をサービスとして提供する事業者が公的個人認証利用の認定を取る方法です。しかし、サービス提供事業者が認定を受けても、実際の電子契約の当事者である利用者は公的個人認証に基づく署名を検証できません。これを解決するため、以下の方式をとることが考えられます。この方法では、サービス提供事業者が総務大臣の認定を受ければ他の利用者は認定が不要です。

①　サービス提供事業者は、利用者（署名を行う者）のサービス登録時の本人確認を、マイナンバーカード搭載の署名用証明書に基づいて行います（署名用証明書に基づく電子署名付きの申込書を受け取ります）。

②　署名者は、サービス提供事業者を介して、民間認証業務（認定認証業務または特定認証業務）の電子証明書の発行を受けます。発行申請書には、マイナンバーカード搭載の署名用証明書に基づいて電子署名を行います。

③　サービス提供事業者は、②で発行された証明書に係る秘密鍵を預かり、これを用いてリモート署名のサービスを行います。

④　署名者は、電子署名の生成にあたってはマイナンバーカード搭載の利用者証明用証明書を用いてログインします。サービス提供事業者はこれを確認して電子署名を実行します。

　実際には、①と②は一つの手続きとして実行できますので利用者（署名者）から見れば一回の申込みで電子契約等のサービスを受けることが可能になります。一旦、①〜③の処理が済めば署名のたびに④を行えばよく、通常の業務は④だけを繰り返すことで可能になります。

　この方法ですと、利用者は電子的なやりとりだけで完結する上、用意するものはマイナンバーカードだけで済みます。また、電子文書の受領

者は、公的個人認証基盤による電子署名を検証する必要がありません（受領者が検証する電子署名は、認証業務発行の証明書に基づいて生成された署名者の電子署名だけです）ので、総務大臣の認定も不要となります。

　リモート署名や特定認証業務についての安全な管理が確立すれば、BtoCの電子契約が簡単に実現できることになります。リモート署名については、現状、ガイドライン等は未整備ですが、リモート署名についての公的機関での検討が進んでいます[39]ので、近い将来、マイナンバーカードとリモート署名の活用によりBtoCの電子契約が簡単に実施できるようになるものと考えられます。

イ　具体的な構成例

　公的個人認証基盤を用いたリモート署名については、例えば、**図表**

◆図表4-5　公的個人認証基盤を用いたリモート署名の構成例

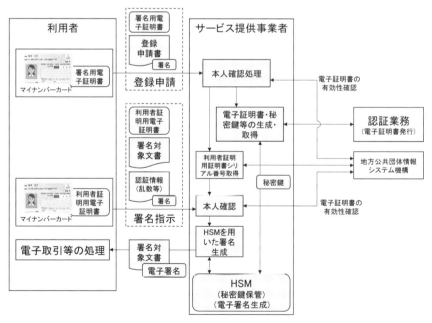

---

[39] 132ページ 6-3（5）トラストサービスについて参照

3-5 のような構成をとることが考えられます。以下、これを詳しく説明しておきます。

<準備フェーズ>

登録申請：利用者は、マイナンバーカードの署名用電子証明書を用いて登録申請書（認証業務に対する電子証明書発行申請を含む）に電子署名を施して送付します。このとき署名用電子証明書を添付します。

本人確認：サービス提供事業者は、地方公共団体情報システム機構から署名用電子証明書の失効情報を受け取って証明書の有効性を確認し、その上で登録申請書の電子署名を検証します。

電子証明書発行等：サービス提供事業者は認証業務と協力して秘密鍵の生成や電子証明書の取得を行います。秘密鍵は、HSM（Hardware Security Module）内部で生成する方法と外部で生成してHSMに格納する方法がありますが、いずれの場合でも秘密鍵はHSM内にだけ保存します（その他の場所にある秘密鍵はすべて消去します）。

利用者証明用証明書シリアル番号取得：サービス提供事業者は、署名用証明書のシリアル番号を地方公共団体情報システム機構に送って、対応する（同一人の）利用者証明用電子証明書のシリアル番号を取得します。

<利用フェーズ>

署名指示：利用者は、マイナンバーカードの利用者証明用電子証明書を用いて認証情報（乱数等が用いられます）に電子署名を付します。これを利用者証明用電子証明書とリモート署名による電子署名の対象となる電子文書とともにサービス提供事業者に送ります。

本人確認：登録フェーズで取得した利用者証明用証明書シリアル番号が、受領した証明書のシリアル番号と同一であることを確認することにより、署名指示者を確認します。サービス提供事業者は、地方公共団体情報システム機構から利用者証明用電子証明書の失効情報を受け取って、証明書の有効性を確認し、その上で電子署名を検

証します。

HSMを用いた署名生成：サービス提供事業者は、HSMに指示を送り、署名対象文書に対する利用者の電子署名を生成します。このとき、秘密鍵を使用する署名生成の処理はHSM内だけで行われ、秘密鍵はHSMの外部には出されません。

署名付文書の返送：サービス提供事業者は、生成された電子署名を署名対象文書につけて利用者に返送します。この例では利用者にのみ返送していますが、電子文書の受領者（電子取引の相手方）にも直接送る方法も考えられます。

電子取引等の処理：利用者は電子署名の付いた電子文書を保存するとともに、取引先等に送って利用します。

　ここでは、電子文書の管理は利用者が行う仕組みを説明しましたが、電子契約システムで文書管理とリモート署名を一括して行う方法も考えられます。

電子文書を証拠として裁判に出す場合には、電子文書の受け取り側で電子署名の有効性等を示す必要があります。電子署名付きの電子文書を受け取った側では、そのための準備を整えておくことが重要です。

　契約をめぐって紛争が発生し、契約の成立や契約内容を証明したい場合に電子契約書に付された電子署名の有効性を証明する必要があるのは、電子署名を受け取った側です。通常、電子署名を行う側は電子契約システムに契約していますが、電子契約システムで作成された電子文書を受け取る側は、電子契約システムと契約しているとは限りません。こういう場合を含めて、電子署名を受け取った側が、裁判で電子署名の有効性を示せるようにしておく必要があります。

　そのためには、まず、電子契約システムに格納されている電子文書をダウンロードし、そこに付されている電子署名の検証を行う必要があります。また、場合によっては、電子文書の取扱いについて、電子契約システム事業者の証言が必要な場合もあるかもしれません。例えば、電子契約システム事業者が作成した管理・運用に関する規程、運営体制に関する文書、操作ログの抜粋などが考えられます。なお、電子契約システム事業者の側で必要な文書をあらかじめ立証パッケージ[40]として用意していれば、利用者にとっても立証が容易になります。

　裁判への文書等の証拠提出は、原則として紙で行いますので、最初は

---

[40] 詳細については、以下の文献をご覧ください。
　西山、宮内、有田「電子署名が施された電子文書の証拠性とその立証について—紙は本当に捨てても大丈夫なのか？—」、第34回医療情報学連合大会予稿、3-D-3-2、2014年11月

プリントアウトしたものを提出するのが普通です。相手方が、その文書の真正性（本人が本人の意思で作成した文書であること）を認めればそれ以上の立証は不要ですが、相手側が真正性を争う場合には、電子文書そのものを提出するなどの手段が必要となります。

4-3 裁判への電子文書の提出【発展＝法律的】

> 民事訴訟では、電子文書は準文書として、紙の文書に準じた扱いを受けます。
>
> 実際に証拠提出する場合には、まずは電子文書のプリントアウトと署名検証の結果のプリントアウトを提出し、必要に応じて、電子文書を媒体に格納して提出したり、電子署名の検証方法を示したりすることになります。

　民事訴訟では、文書を提出して書証としての証拠調べを受けることができます（民事訴訟法 219 条）。図面、写真、録音テープ、ビデオテープその他の情報を表すために作成された物件は、準文書として文書と同様に扱われます（民事訴訟法 231 条）。電子文書などのコンピュータで扱う電子的記録も、準文書として扱われます[41]。

　電子データの提出方法については、記録媒体を提出する方法とプリントアウトを提出する方法があります。証拠調べ手続については、書証によるという説と検証によるという説があります[42]。記録媒体は、コンピュータなどを使わないと内容が読めませんから、電子データそのものの確認が困難なためです。

　現在のところ、裁判所に電子ファイルを提出する方法としては、CD-ROM 等の媒体に電子ファイルを格納し、それを提出するしかありませ

---

[41] 大阪高決昭和 53.3.6 高民 31 巻 1 号 38 頁、大阪高決平成 17.4.12 労働判例 894 号 14 頁など

[42] これらの詳細については、以下の文献をご覧ください。
　田所章一「新種証拠の取調べ」、青山・伊藤編「民事訴訟法の争点［第 3 版］、218 頁、有斐閣、1998 年

[43] 法制化の状況については、法務省法制審議会民事訴訟法（IT 化関係）部会
http://www.moj.go.jp/shingi1/housei02_003005.html をご覧ください。

ん。インターネットを通じて電子ファイルを裁判所に直接送る方法についての法改正が予定されていますが、実現するのは数年後になりそうです[43]。

　実務的には、現状、電子契約書等のプリントアウトを提出するのが一般的です。このとき、電子文書だけでなく、電子署名の検証が成功したことを示す情報及び電子証明書のプリントアウトを併せて提出することが考えられます。

　なお、このような情報を弁護士が作成する報告書の形で提出することも考えられます。使用したコンピュータ、実行した処理などを明記し、その結果として得られたプリントアウトをつけて報告するものです。類似の報告書で広く用いられてものに写真撮影報告書があります。これは弁護士が写真撮影してその状況を併せて報告するもので、通常は信用性があるものと認められています。電子署名の検証についても、同様に扱われるものと思われます。

　その上で、完全性（電子データとプリントアウトの同一性）や真正性（作成者とされる人が本当に作成したのか）が争われる場合など、裁判所や相手方が求める場合には電子文書そのものや電子証明書等を媒体に格納して提出することになります。このとき、必要に応じて、電子文書に付されている電子署名の検証の方法や、検証のために必要な情報（またはその入手方法）等を提示することになるでしょう。

　このような電子文書及び検証方法等の提出によっても、完全性や真正性の争いが続く場合には、訴訟手続として検証（民事訴訟法232条）や鑑定（同法212条）などの手続きをとる必要が生じる可能性があります。

　可能性は低いと思いますが、仮に、相手方が「この電子証明書は私の知らないものだ」と主張する場合のように、電子証明書の発行の正否が争われることも考えられます。この場合には、発行元の認証業務が本人確認等を正しく行っていることを証明する必要が生じます。認定認証業務が発行した電子証明書であれば、認定の事実を示すことにより、本人確認等についてもほぼ確実に証明できると思われます。認定を受けていない特定認証業務の場合には、その認証業務の処理を示した上で、必要があれば、認証業務からの陳述書や証言を得ることになります。

4-4 長期保存【発展＝技術的】

> 電子証明書が有効な期間に作成された電子署名は有効です。ただし、有効だと主張するためには、有効期間内に生成されたことを証明する必要があります。
>
> 電子署名とタイムスタンプを組み合わせることにより、電子証明書の有効期限後であっても、有効期間内に生成された正当な署名であることを示すことができます。このような仕組みは長期署名と呼ばれており、標準化が進んでいます。

（1） 電子署名の生成時における電子証明書の有効性

電子証明書には有効期間があります。これは、有効期間内に行われた電子署名は有効だということです。電子文書を証拠等として使用する時点で、使用する者は、電子証明書が有効な期間に行われた電子署名であることを証明する必要があります。さらに、前述のように、電子証明書には有効期間があるだけでなく、有効期間が満了する前に失効されることもあります。すなわち、電子文書を使用する者は、以下の両方を示す必要があります。

① 電子署名が電子証明書の有効な期間に生成されたこと

② 電子署名生成の時点で電子証明書が失効していなかったこと

電子証明書の有効期間内に使用する場合には、有効期間内に電子署名が生成されたことは明らかですし、（電子証明書が失効していなければ）使用時点での失効情報を確認することも可能です。しかし、有効期間が過ぎた後に電子文書を使用する場合や、電子文書使用時までに電子証明

書が失効されている場合には、何らかの方法で電子証明書が有効な間に生成された電子署名であることを証明する必要があります。このための方法を次に述べます。

(2)　有効性を証明するための準備

まず、電子署名の生成時刻を証明するためにはタイムスタンプが有効です。また、電子証明書が失効していなかったことについては、電子証明書の失効情報を署名生成より後に取得することで示すことができます[44, 45]。例えば、**図表4-8**のような方法があります。

◆図表4-8　有効性検証のためのタイムスタンプの利用

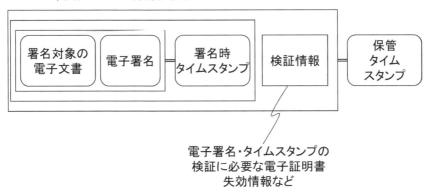

まず、電子文書に対して電子署名を生成します。電子文書と電子署名のペアを対象に最初のタイムスタンプ（署名時タイムスタンプ）を付けます。これにより、電子文書と電子署名のペアが署名時タイムスタンプの時点で存在したことが証明できます。

---

[44] 電子証明書は一旦失効すると、有効な状態に戻すことはできませんので、署名生成時より後の時点で有効であれば、署名生成時にも有効だったことを示せます。

[45] 電子証明書の失効申請をしてから失効情報が公開されるまでの間には、一定の時間が必要（この時間は認証業務によって異なります）ですので、失効情報の取得は、そのような一定時間の後に行うのが確実だといえます。

次に、電子署名の検証に必要な情報（電子証明書、署名生成時点での失効情報など）を加えた情報に対して2つ目のタイムスタンプ（保管タイムスタンプ）を施します[46]。

このようにしておけば、電子証明書の有効期限が切れた後でも、電子署名生成時に電子証明書が有効だったことを示すことができます。

このような方法で保管すれば、保管タイムスタンプが有効な期間内は電子署名の有効性を示すことができます。しかし、タイムスタンプも一種の電子署名なのでタイムスタンプの電子署名を検証するための電子証明書が必要になります。タイムスタンプの電子証明書の有効期間は10年から11年が一般的ですから、この期間については前ページ**図表4-8**の方法で問題ありません。

（3） 長期署名

保管タイムスタンプを検証するための電子証明書の有効期間（10〜11年）を超えて電子文書を保存するためには、長期署名といわれる方法が用いられます。これは保管タイムスタンプの電子証明書の有効期間が切れる前に、さらにタイムスタンプを施して期間を延長するものです。

図表4-9に示すように、保管タイムスタンプ①の電子証明書が有効な間に保管タイムスタンプ①を検証するのに必要な情報（保管タイムスタンプ①の電子証明書、失効情報など）を付け加えた上で、保管タイムスタンプ②を施します。これにより、保管タイムスタンプ②の生成時に保管タイムスタンプ①が有効だったことを、保管タイムスタンプ①の電子証明書の有効期間終了後であっても確認することができるわけです。

20年以上の保管の場合には、さらに保管タイムスタンプ③、④、……を順次つけていくことにより、いくらでも期間を延長することが可能になります。

このような長期保存に関しては、そのフォーマットが国際標準化され

---

[46] 前ページ脚注45で述べたように、失効申請をしてもすぐには失効情報に掲載されませんので、一定時間後の失効情報が必要です。このため、検証情報取得時（署名時タイムスタンプより少し後）の保管タイムスタンプが必要となります。

ています。これを以下に示します。

・CAdES（CMS Advanced Electronic Signature）：バイナリーデータ
　形式のフォーマット。ISO 14533-1 などで規定
・XAdES（XML Advanced Electronic Signature）：XML 形式のフォー
　マット。ISO 14533-2 などで規定
・PAdES（PDF Advanced Electronic Signature）：PDF 形式のフォー
　マット。ISO 14533-3、ETSI TS 102 778 などで規定

　多くの電子契約システムでは、これらのフォーマットを用いて長期保
存可能な形式で電子文書を保存しています。電子契約システムの利用に
あたっては、長期保存が可能かどうかを確認するのがよいと思われま
す。

◆図表 4-9　長期署名

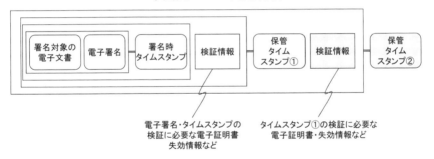

（4）　アルゴリズム危殆化

　電子署名やタイムスタンプは、強固な暗号技術を用いて実現されてい
ますが、暗号解読技術の発展やコンピュータの性能の向上により、数十
年後には安全性が低下し（このような状況を危殆化といいます）電子署
名やタイムスタンプを偽造できるようになる可能性は否定できません。
そのような事態に備えるためにも、長期署名は有効です。
　例えば、将来、上記図表 4-9 保管タイムスタンプ①の偽造ができる
ようになったとします。この場合でも、保管タイムスタンプ②により強

力な方式を採用していれば、保管タイムスタンプ②の生成時に保管タイムスタンプ①が存在していたことが示せます。保管タイムスタンプ②の時点での暗号解読技術では、保管タイムスタンプ①の偽造が困難だったとすれば、全体として偽造されていないことがわかります。つまり、保管タイムスタンプ①が危殆化する前に保管タイムスタンプ②を施し、その後も同様にタイムスタンプを増やしていけば、将来、タイムスタンプ①の偽造が可能になっても心配はいりません。

　こうした意味からも、長期署名を行うことが強く推奨されます。

> 電子契約サービスの利用者の利用契約終了やサービス自体の廃止の場合には、電子文書を手元にダウンロードする必要があります。
>
> さらに、電子契約の有効性を証明するためにサービス事業者の協力が必要な場合もありますので、サービス利用契約の内容を確認しておくことが必要です。

　電子契約サービスを利用している（電子契約サービス事業者と利用者の間の契約が継続している）間は、過去に作成した契約書等の取扱いについては電子契約サービスの機能が有効です。この場合には、利用者は必要な情報をダウンロードすることができますし、裁判での立証に関して事業者の協力を得ることも可能です。しかし、電子契約サービスの利用終了後や事業者による電子契約サービスの終了後は、電子契約書の機能の利用はできませんし、事業者の協力が得られなくなる可能性があります。利用終了後などにおいてどのような協力が得られるかを事業者との契約を確認しておく必要があります。

　利用者側の措置として、利用終了等の場合に備えて定期的に必要な電子文書をダウンロードして保存しておくとよいと思われます。また、サービスを利用できなくなる際には、何らかの通知があることが通常ですので、すぐに未保管の電子文書をダウンロードすることが必要です。

　なお、電子契約システムにおいて、長期保存の機能を利用していれば、利用者が特別なことをしなくても長期保存のためのタイムスタンプ付与などが行われます。しかし、利用者がダウンロードしたファイルについてはそのような処理はされません。電子契約システムのサービスが継続していれば、長期保存の措置がされたものをダウンロードすること

が可能ですが、利用終了後やサービス終了後には、利用者が自ら長期保存の措置をする必要があります。こうした場合には、他のサービスに電子文書を移動してそちらで長期保存の措置をとれる可能性があります。

　これに加えて、電子契約書等への電子署名が署名者本人の意思によるものであることを証明する際に電子契約システムが正当に機能していたことを示す必要が生じることがあります。例えば、リモート署名（95ページ 4-1 民間取引の電子化（3）BtoC の電子契約への発展（リモート署名・公的個人認証への期待）参照）を用いている場合には、安全なログイン認証とそれに基づく正当な署名生成が行われたことを証明する必要が生じる可能性があり、サービス事業者による陳述や証言が必要かもしれません。このように、電子契約システムのサービス事業者の協力が必要な場合がありますので、電子契約システム事業者との契約内容を確認し、利用終了及びサービス終了後の協力の有無を確認し、なるべく利用終了後も協力が得られるサービスを選択することが重要です。

第5章

電子契約と法規制

5-1 税務関係

> 電子契約については、印紙税は不要です。
> 電子取引に関する電子文書（契約書、見積書、領収書など）は、電子帳簿保存法の規定に従って保存する必要があります。

(1) 印紙税

16ページ1-3電子契約のメリットで述べたとおり、売買や請負の契約書、継続的取引の基本契約書、領収書などを紙で作成すると、収入印紙を貼る必要がありますが、これらを電子文書で作成すれば、印紙税は不要となります。

(2) 国税関係書類の保存（電子帳簿保存法）

電子契約等、電子文書のやりとりで行う取引を電子取引といいます（電子帳簿保存法2条6号）。税務申告のためには帳簿や関係書類の保存が必要となり、これらの保管は原則として紙で行う必要があります。しかし、電子取引に関しては電子文書をそのまま保管することができます。この場合の保管方法には規定があり、以下の基準を満たす必要があります（電子帳簿保存法10条、同施行規則8条等）。

> ① 以下の4つのいずれかを行うこと
> ア 電子文書の送信側でタイムスタンプ（一般財団法人日本データ通信協会の認定を受けたものに限る）を付した後に受信側に送る。
> イ 電子文書の授受後遅滞なくタイムスタンプ（一般財団法人日本データ通信協会の認定を受けたものに限る）を付す。
> ウ 電子文書の訂正又は削除を行った場合にその内容を記録するか、訂

正及び削除ができないシステムで保管する（委託先における保管であってもよい）。

エ　正当な理由のない訂正および削除の防止に関する事務処理の規程を定め、当該規程に沿った運用を行い、電子文書の保存と併せて当該規程の備え付けを行う。

② 電子文書がディスプレイ及びプリンタに整然とした形式及び明りょうな状態で出力できること（電子帳簿保存法施行規則８条１項・３条１項４号）

③ 電子文書に係るコンピュータシステムの概要を記載した書類の備え付けを行うこと（電子帳簿保存法施行規則８条１項・３条１項３号イ）

④ 以下の要件を満たす電子文書の検索をすることができる機能を確保しておくこと（電子帳簿保存法施行規則８条１項・３条１項５号）

ア　取引年月日、勘定科目、取引金額その他の主要な記録項目を検索の条件として設定できること

イ　日付又は金額に係る記録項目については、その範囲を指定して検索を設定できること

ウ　２種類以上の任意の記録項目を組み合わせて条件を設定できること

　これらをまとめると、送信側又は受信側が一般財団法人日本データ通信協会に認定されたタイムスタンプを付けるか、改変や削除を防止できるような規則またはシステムのもとで保管すること（上記①）と、すぐに表示または印刷できること（上記②）、コンピュータシステムの概要の書類の備え置き（上記③）、通常の条件設定ができる検索機能を持つこと（上記④）になります。一般的には、データベースシステムにて管理して、アクセス制御などにより不正な改変等を防ぐことになります。

　電子契約システムを導入していれば、上記の①〜④の条件を満たすことは容易です。つまり、電子契約システムの導入により、印刷した書面（紙）の保管が不要になり、紙を保存・利用するためのコストが軽減されることになります。また、税務調査の場合にも、調査官が要求する書類を提示することが紙に比べてはるかに簡単になりますので、調査の効率化にも役立ちます。

（3） スキャナ保存における証拠の確保【発展】

　電子契約とは直接の関係はありませんが、電子帳簿保存法では、紙で受け取った文書をスキャナで電子ファイルに取り込んで、これを保存する方法も一定の条件のもとで許容しています（スキャナの性能、保存方法等の条件を満たした上で税務署長の承認が必要。電子帳簿保存法4条3項）。このような措置をとれば、税務に関しては、原本である紙文書は廃棄してもかまわないことになっています。しかし、民事裁判のことを考えると、原本を廃棄することは望ましくありません。

　民事裁判の証拠としては、スキャナで取り込まれたデータはコピーと同じ扱いとなります。原本とコピーの最も大きな違いは改変の有無の確認の可否です。

　例えば、契約書の一部を改変したり署名・押印部分を切り出して別の文書に貼り込んだりした場合を考えます。**図表** 5-1 は、借用金額の改変が行われた例です。1000万円と記載した紙を貼るなどの方法で改変した場合、紙の原本であればこのような工作を検出することは容易です。しかし、巧みな改変が行われた場合にコピーだけからそれを検出することは容易ではありません。つまり、コピーでは改変の有無を検出するのが困難な場合が生じるわけです。裁判の相手方が「そのような文書に押印した覚えがない」「内容が変わっている」等の主張をした場合には、原本の有無により、立証の難易度が相当に違うということがわかると思います。その意味からすると、裁判に備えるためには、原本である紙の契約書を保管しておくことが重要だといえます。

　なお、初めから電子署名を付した電子契約書を取り交わしていれば改変の可能性を否定できますから、スキャナ入力の場合のような問題は発生しません。

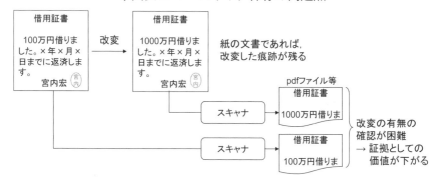

◆図表5-1　スキャナ保存の問題点

（4）　インボイス制度について

　消費税法の改正により、2023年からインボイス制度が導入されることになりました。

　現行法では、売上高が小さい企業等は消費税の支払義務を負いませんが、このような免税事業者に対しても消費税が支払われており、いわゆる益税が発生しています。改正法では、免税事業者に対しては消費税を付けずに支払うことになります。

　これを明確にするため、改正法では、請求書や領収書に適格請求書発行事業者である旨とその番号を記した「適格請求書等」があるときに限って消費税を付けて支払うことになります（免税業者に消費税を支払っても、消費税納付の控除対象になりません）。

　このように、企業等が消費税を支払う際には、相手方が適格請求書発行事業者であることを確認することになるのですが、そのような処理を人手で行うのは煩雑ですから、請求書等の電子化が一層進むことが予想されています。

　なお、請求書は、法律的な効果を生じる意思表示（契約締結の意思表示など）ではありませんので、個人名の電子署名が必須ではなく、法人名のみが記された電子シールを用いることも可能です（132ページ 6-3 (5) トラストサービス 参照）。

5-2 公的機関への電子申請・電子入札（e-文書法その他）

電子署名は、公的機関への申請・届出等にも用いられます。e-Tax が代表例ですが、電子入札も件数が多くなっています。

多くのシステムで認定認証業務、公的個人認証（マイナンバーカード）または商業登記に基づく電子証明書が利用可能です。

（1） 公的申請・届出

　電子署名は、電子契約などの BtoB、BtoC の取引に使われるだけでなく、公的機関への申請・届出等にも使われています。総務省[47] によれば、2015 年度における行政手続については、国の行政機関が扱う申請・届出等のうち 2645 種類が、オンライン利用が可能になっており、オンライン利用率は 43.3%になっているということです。同様に、地方公共団体が扱う申請・届出等のオンライン化も 49.9%となっています。

　これらの申請・届出等のうち件数が多いのは、e-Tax と電子入札ですが、それ以外の多くの手続きにも利用が可能ですし、裁判所に対する支払督促[48] の申立ても電子的に可能となっています。こうした手続きには、通常、電子署名が使われます。このための電子証明書としては、主としてマイナンバーカードに搭載されている公的個人認証基盤の署名用電子証明書が用いられますが、ほとんどの手続きで認定認証業務の電子証明書や商業登記に基づく電子証明書も利用可能です。

---

[47] https://www.soumu.go.jp/menu_news/s-news/01gyokan05_02000047.html

[48] 最も簡単な裁判手続で、金銭の支払を相手方に請求します。相手方が異議を申し立てなければ確定判決と同じ効果を生じます、相手方が異議を申し立てれば通常の裁判に移行します。

（2） 電子入札

　政府及び地方公共団体による入札の多くが電子入札になっています。これは応札者が電子署名をつけた入札を行うものです。電子入札は、建設工事等を中心に進展し、現在では、広く一般の入札にも用いられるようになりました。

　政府による電子入札の利用にあたっては、認定認証業務または商業登記に基づく電子認証制度が発行した電子証明書が必要になります。詳しくは電子調達のホームページをご覧ください[49]。

---

[49] https://www.geps.go.jp

5-3 事業法等による提出・保存文書の電子化

多くの事業法では、書面の提出、保存、交付などが義務付けられています。こうした書面は紙文書が原則ですが、かなりのものが電子化可能になっています。

以下では、一般的な法規制として e-文書法、会社法及び下請法における電子化を述べ、代表的な事業法として建設業法、宅建業法、貸金業法における電子化について紹介します。

(1) e-文書法などによる電子化

多くの業種については、許可申請などのための文書を公的機関に提出する必要や保存する義務が定められています。こうした書面の原則は紙文書ですが、e-文書法またはそれぞれの法律により電子化可能なものが多くなっています。

e-文書法により、紙文書による提出、保存、縦覧または交付が法律で義務付けられているものを各省庁の規則（省令）で電子化が可能になります（e-文書法3条〜6条）。e-文書法による電子化は、多くの事業法が対象となっており、電子化可能な文書も多岐にわたっていますので、事業法上の書面を電子化する場合には個別の確認が必要です。

(2) 取締役会議事録

会社法では、取締役会議事録を電子的な作成にあたって、出席した取締役及び監査役の電子署名が必要とされています（会社法369条、同法施行規則225条）。政府は、会社法上の規定を満たすためには、立会人

型電子署名でもよいとの見解を示しています。従来から、会社法の解釈として、紙の場合の押印については認印でもよいとされてきたので立会人型電子署名でも信頼性に問題がないとされたものと思われます。

ただし、商業登記の添付書類として提出する場合には、これで十分とは限りません。一般に商業登記の添付書類への電子署名については、次のとおりとなります。

---

① 紙の場合に代表者の登録印の押印が必要な場合
　→商業登記電子証明書に基づく代表者の電子署名が必要
② 紙の場合に個人の実印の押印が必要な場合
　→公的個人認証基盤又は法務省が指定する特定認証業務が発行する電子証明書
③ 紙の場合に認印でよい場合
　→上記の①②または法務省が指定する立会人型電子署名

法務局が指定する電子証明書等については、法務省のホームページ[50]で最新の情報をご確認ください。

例えば、代表取締役の就任登記の添付書類としての取締役会議事録ですと、必要な電子署名は以下のようになります。

・前任の代表者が出席している場合：代表者は上記①（商業登記電子証明書）、他の出席者は①～③のいずれかの電子署名（立会人型でも可）

・前任の代表者が出席していない場合：全員の①または②（公的個人認証基盤または法務省が指定する特定認証業務が発行する電子証明書）の電子署名

(3) 下請法

大企業が中小企業に物品の製造・修理委託または情報成果物・役務提

---

[50] 商業・法人登記のオンライン申請について
http://www.moj.go.jp/MINJI/minji60.html の「第3 電子証明書の取得」の「添付書面情報（委任状情報を除く。）の場合」の表をご覧ください。

供委託を行う場合に問題となるのが下請法です。親事業者（委託側大企業）はその優越的地位を用いて、下請事業者（受託側企業）に不当に不利益な取引を行わせることがありえます。このようなことを防止するための法律が下請法です[51]。下請法による親事業者の義務として、委託契約をしたときには、直ちに、下請事業者の給付の内容、代金の額、支払期日及び支払方法等を記載した書面を渡し（下請法3条1項）、かつ保存しなければなりません（同法5条）。この書面は一定の条件のもとで電子化が可能となります（同法3条2項、5条）。下請法における電子化の条件は、他の法律とも共通する部分が多いので、やや詳しく説明しておきます。

ア　下請事業者に交付する書面の電子化の条件

　親事業者が下請事業者に交付しなければならない書面を電子化する場合の規定が、下請法3条2項にあります。ここには、2つの条件が示されています。

---

① 　下請事業者の承諾
② 　インターネット等の利用による交付方法（→ 下請法3条規則2条）

　まず、①下請事業者の承諾の取得方法は下請法施行令2条に規定があります。ここでは、下請事業者に電子的な交付の方法の種類と内容を示して、書面か電子文書での承諾を得る必要があります。承諾にあたっての注意事項として、承諾しない場合には不利益な扱いをする旨を示唆したり、実際に承諾しなかった下請事業者を不利益に扱ったりしてはならないこと、及び下請事業者の費用負担は下請事業者が得る利益の範囲内に限られており、それを超えて、親事業者のシステム開発費用を負担させてはならないことが挙げられています[52]。

---

[51] 下請法の適用の有無の具体的内容は、委託業務の内容、親事業者及び下請事業者の資本金の額などにより決まります。
[52] 公正取引委員会「下請取引における電磁的記録の提供に関する留意事項」2011年6月23日

次に、②交付方法については下請法3条規則2条に規定があります。ここには、3つの方法が示されています。

① 電子メールによる方法
② Web 等による閲覧・ダウンロードによる方法
③ CD-ROM 等の媒体に記録して渡す方法

これらの方法をとる場合の注意事項[53]の主な点は以下のとおりです。

まず、電子メールによる通信の場合には、電子メールを扱っているサーバーに到着するだけでは不十分であり、下請事業者が自ら使用するコンピュータに取り込んだ段階で交付されたということになります。Web に関しては、閲覧する機能だけでは不十分です。ダウンロードができる機能まで備えなければなりません。また、システムトラブル等の際の代替手段を用意することが必要で、もしも、システムトラブルで交付文書が着かなかった場合には、下請事業者が納期を遅延してもそれによる減額等を行ってはいけません。

イ　親事業者が保存する書面の電子化の条件

親事業者は、下請事業者の給付、給付の受領、下請代金の支払いなどの事項について記録を保存しなければなりません（下請法5条）。これを電子化する際の条件は以下のとおりです（下請法5条規則2条3項）

> ① 記載事項の訂正または削除について、その事実及び内容の確認が可能であること
> ② 必要に応じて、ディスプレイでの表示、プリントアウトができること
> ③ 検索機能（記載事項に関する検索、製造委託日の範囲による検索）

つまり、不正な改変や削除を防ぐことと、通常の検索ができることが必要であり、当然のことながら、内容を表示・印刷できなければならないということです。電子署名を用いた電子契約書であれば、内容変更が

---

[53] 前ページ脚注52参照

ないことを確認できますので①は当然に満たすことができます。②は電子契約において当然の機能ですし、③も通常のデータベースで実現できます。

ウ　下請法における電子化についてのまとめ

　以上の下請法における書面の電子化に関する規定を簡単にまとめておきます。

> ・親事業者は下請事業者から電子化に関する承諾を受けるが、その際に不当な圧力をかけてはいけない。また、下請事業者自身が利益を得る範囲を超えて費用を負担させない。
> ・電子文書のやりとりにはメール、Web、媒体などの方法がある。
> ・親事業者が保存すべき書面の電子化にあたっては、見読性（表示・印刷が可能）と不正な変更を防ぎ検索ができる機能を備える必要がある。

　こうした機能は、電子契約システムが備わっているものばかりですので、電子契約システムの導入により容易に実現できます。なお、このような規定は他の多くの法律による文書の電子化にも共通するものですから、電子契約システムによる実現範囲の広さがおわかりいただけると思います。

（4）　建設業法

　建設請負契約は書面の契約書を必要としています（建設業法19条1項）。この書面は、一定の条件の下で電子化が可能です（同条3項）。ここでの条件は、電子化に関する相手方の承諾と方式に関する条件です。相手方の承諾の取得は下請法と同様（建設業法施行令5条の5第1項）ですが、承諾を撤回したときには電子的な方法がとれなくなることが明記されています（同条2項）。

　方式については、これも下請法と同様で3種類が可能となっています（建設業法施行規則13条の4第1項）。

　①　電子メールによる方法

②　Web 等による閲覧・ダウンロードによる方法
③　CD-ROM 等の媒体に記録して渡す方法

　建設業法においては、さらにこれら方法の技術的基準として以下のすべてを満たすことが必要です（同条2項）
①　プリントアウトが可能であること
②　請負契約書に記載されている契約事項等について改変の有無を確認できること
③　契約の相手方が本人であることの確認ができること

　これに関して、国土交通省のガイドライン[54] に以下の施策が記載されています。
①　見読性の確保：ディスプレイ、書面等に速やかかつ整然と表示できるようにシステムを整備しておくこと
②　原本性の確保：以下の3つの施策をとること
　　・公開鍵暗号方式による電子署名の採用
　　・電子証明書の添付
　　・電子文書の適切な管理（改ざんの検知、原本性確認機能の整備）

　原本性の確保については、電子署名の活用により十分に満たすことができます。また、他の基準についても、電子契約システムを用いれば容易に満たすことができますので、建設業法における建設請負契約の電子化が可能となります。
　なお、建設業者は施工体制台帳を作成し現場に保管することが求められており、台帳に請負契約の契約書を添付しておく必要があります（建設業法施行規則14条の2第2項）。請負契約を電子契約で行った場合で、必要に応じてプリントアウトできるのであれば、電子契約書を保持していればよいことになっています（同条4項）。

---

[54] 国土交通省「建設業法施行規則第13条の2に規定する「技術的基準」に係るガイドライン」、2001年3月30日

(5) 宅建業法

　不動産の売買、賃貸借の契約書は一般に電子化が可能です。しかし、宅建業者が契約を行う場合で、他人の媒介として売買、交換もしくは貸借の契約を行う場合、または、自ら売買もしくは交換の契約を行う場合には、重要事項を説明した書面を交付する必要があります（宅建業法35条、37条）。この重要事項説明書は、電子化が可能となっていませんのでご注意ください。なお、宅建業者が自らの不動産の貸借に係る契約をする場合にはこのような義務はありません。

(6) 貸金業法

　金銭の貸し借りは、法律的には金銭消費貸借契約（民法585条）と呼ばれます。金銭消費貸借契約は、法律的には書面がなくても成立しますので、契約書を電子的に作成することに問題はありません。金銭消費貸借を保証する保証契約（民法446条）は書面を要します（同条2項）が、この書面は電子化可能です（同条3項、貸金業法16、17条文書電子化の要件）

　貸金業者が金銭を貸す場合には、さらに貸金業法の規定に服します。電子契約に関係するところでは、契約締結前書面の交付（貸金業法16条の2）及び契約締結時書面の交付（同法17条）が義務付けられていますが、これらの書面は、借主の承諾を得ることにより電子化が可能です。この承諾のとり方は、下請法、建設業法とほぼ同じで電子文書の交付方法などを示して承諾を得る仕組みになっています（貸金業法施行令3条の2の5、3条の4）。なお、貸金業者は弁済を受けたときには受取証書を交付する義務があります（貸金業法18条）。この受取証書も借主の承諾を得ることにより電子化が可能です（同条4項、貸金業法施行令3条の5）。

第6章

電子契約の普及

電子契約に関する法的整備は 2001 年頃から始まっています。しかし、実際の企業への電子契約の導入は遅々として進みませんでした。ところが、2020 年のコロナ禍による影響により、リモートワークが普及し、ハンコを必要としない電子契約が一気に注目を浴び、爆発的に普及する兆しを見せています。本章では電子契約の普及について説明していきます。

6-1 はじまりは建設業界

電子契約の普及は主に建設業から始まり様々な産業に拡がっています。当初は BtoB がほとんどで、大企業の購買部門が取引先との契約を電子化するものが主流でした。

現在では、購買から販売へ適用範囲の拡大、BtoB から BtoC への展開が実現しています。また今後は、大企業を中心にその取引先との間で利用するハブ＝スポーク型から、任意の企業間で電子契約が行われるメッシュ型への移行も進んでいくと考えられます。

最初に電子契約の普及が始まったのは建設業界でした。2001 年に始まった e-Japan 戦略の一環として建設業法が改正され、それまで書面に限られていた建設請負契約の交付が、相手方の承諾など一定の要件を満たすことにより、電子化できるようになりました。

もともと施主、元請、下請、様々な専門工事業者間で膨大な受発注事務を行う必要がある建設業界では、その効率化のために、電子取引に対する強いニーズがありました。そこで、国交省及び財団法人建設業振興基金（現　一般財団法人建設業振興基金）が中心となって CI-NET を定め、建設業における見積もり依頼から請求・決済にいたる帳票電子化の標準を提示するとともに、これに対応した自社システム構築及びベンダー提供による ASP サービスの基準を示しました（CI-NET は、一般財団法人建設業振興基金の登録商標です）。

CI-NET に対応した ASP サービスが複数のベンダーにより提供された結果、スーパーゼネコンやハウスメーカーを中心に電子契約の利用が開始され、現在も継続されています。ただし、CI-NET はあくまで建設業界用の取引標準であったこと、当時は契約書などの取引情報をネットで取り交わし、社外のデータセンター上に保存することなどに対する抵抗もあり、その拡がりは建設業界の一部に限定されていました。

6-2 様々な産業への波及

　2010年代前半になると、「ハンコをつけた取引文書を郵送」を「電子署名をつけたPDFをネット送信」に置き換えるというコンセプトの電子契約サービスが複数登場し、大企業を中心に急速に普及し始めました。その背景には、この新しい電子契約サービスは業界、業務を問わず汎用的に利用できるものであること、3つのメリット（郵送費などコスト削減、作業効率の向上、コンプライアンスの向上）が明確であること、SaaSやクラウドの利用が一般化し、企業側に抵抗感が薄まったことなどが挙げられます。

　急速に普及が進むこの新しいタイプの電子契約サービスの導入状況には、以下の特徴があります。

(1) B to B から B to C へ波及

　企業における取引には、大きく分けてB to B（企業間）取引とB to C（企業対個人）取引があります。当初企業での電子契約サービスの利用は、B to Bから始まりました。

　その原因の一つが、電子証明書の費用負担です。電子契約を行うためには、電子署名をするために電子証明書を購入する必要があります。電子証明書の価格は1年あたり数千円～3万円程度で、一旦購入してしまえば、有効期間中は何度でも署名できます。このため、同一企業と繰り返し取引を行うことの多いB to B取引ではこのコストは問題にならないのですが、ローン契約や不動産賃貸契約といったB to C取引は、取引回数が少ないので個人（C）側の1回あたりの費用は大きくなり、普及の障害となっていました。

　しかし近年、個人が電子証明書を購入する必要のないタイプの電子契約の出現もあり、B to Cにおける電子契約もB to B同様、大きな拡が

りを見せています。

(2)　大企業から中小企業、個人事業主へ

　コスト削減、業務効率化といった電子契約の導入メリットは、企業規模、部門を問わず存在します。

　しかし、当初導入に積極的であったのは、大企業の購買部門でした。大企業の購買部門は取引先への影響力が大きく、電子契約利用に関する取引先の承諾を得やすかったからです。

　業界的には、先ほど述べたように建設業で始まり、流通、IT など多くの取引先を持つ業界を中心に普及が進みました。また、大企業の取引先として電子契約を利用開始した中小企業、そして個人事業主が自らも利用するようになりました。

(3) 銀行での活用

　銀行業界では、融資契約の電子化が進められています。銀行では数多くの金銭消費貸借契約書を紙で作成しており、その管理や印紙の負担などの問題がありました。

　まず、2015 年に三井住友銀行が法人融資の電子契約を開始しました。これは法人に対する当座借越の極度契約や証書貸付の契約などを対象としています。三井住友銀行では独自の認証業務にて電子証明書を発行し、法人（借主）代表者はこの電子証明書に基づいて署名をします。

　2017 年には、三菱東京 UFJ 銀行（現 三菱 UFJ 銀行）が個人の住宅ローンの電子契約を開始しました。この契約には、マイナンバーカードの電子署名を用いています。85 ページ **3-7（3）公的個人認証基盤の民間開放**で述べたように、マイナンバーカードの電子署名の検証をするためには総務大臣の認定が必要ですが、同銀行はこの認定を取得した事業者と連携してサービスを提供しています。

　2017 年には、みずほ銀行も電子契約を開始しました。みずほ銀行は、三井住友銀行と同様に独自の認証業務を用いています。同銀行では、当

初4店舗で電子契約を開始しましたが、現在ではすべての店舗に広がっています。

　さらに2018年には、りそな銀行が住宅ローンの電子契約を開始しました。これは借換えローンが対象となっています。

　このように、都市銀行を中心に、融資契約を対象とした電子化が進められています。また、地方銀行においても電子契約の導入の検討・導入が進んでいます。このような状況からすれば、融資契約において、電子契約が普通になる日も近いものと思います。なお、安全性を重視する金融機関において電子契約が用いられるようになったことは、他の業種での電子契約導入にもインパクトが大きいといわれています。

（4）あらゆる企業、様々な業務に爆発的普及へ

　2020年に発生したコロナ禍は、電子契約を取り巻く環境を一変させました。リモートワークが推奨される中、ハンコを押すため、ハンコをもらうために出社が必要な書面契約を何とか電子契約に置き換えていくことが社会的コンセンサスとなり始めています。

　この動きは、大企業、中小企業、個人を問わず、また今後、あらゆる業界・業務に拡がっていくと考えられています。

6-3 国内での普及と国際化

> ハンコの廃止、リモートワークが推奨される風潮のもと、電子契約サービスは国内取引において急速な普及が進む一方、今後はより先進的な欧州などの国際基準、制度を取り入れ、国際取引における利用も期待されています。

（1） 販売部門への拡大

　販売部門における契約を電子化した場合も、電子契約の3つのメリット（印紙代などコスト削減、作業効率の向上、コンプライアンスの向上）は購買部門と同様に期待できます。しかし、販売部門は購買部門と比べて取引先の影響力が弱いため、普及は遅れていました。

　今後は、まずは資本関係のある取引先や、契約数が非常に多く、導入メリットが明確な取引先からスタートして、次第に多くの顧客へと電子契約を利用する範囲は広がっていくものと思われます。

（2） BtoC（企業対個人）取引への拡大

　BtoC取引とはいえませんが、企業と個人事業主との取引に電子契約は活用されています。各種インストラクター、ライター、一人親方、個人運送業者との契約は、書面で行うより、PCや携帯機器を利用した電子契約が重宝する分野です。

　さらに、金融機関における個人とのローン契約や不動産業者における不動産賃貸契約にも電子契約の適用がみられるようになりました。今後もっとも成長が期待される分野の一つです。

（3）　ハブ＝スポーク型からメッシュ型へ

　現在大企業が中心となり、その取引先との間で電子契約を行うハブ＝スポーク型（94 ページ**図表 4-3**）で電子契約の導入が進んでいます。しかし、電子契約の普及がすすむにつれ、ハブ＝スポーク型の取引先として電子契約を導入した企業も相手の大企業だけでなく、様々なさらにその先の取引先と自由に電子契約をしたいと考える時代が早々に訪れると想定されます。そこでは、大企業が費用を負担するハブ＝スポーク型電子契約から、企業の大小を問わず、希望する企業が自己負担で参加し、参加企業間で電子取引を行うメッシュ型（95 ページ**図表 4-4**）電子契約に移行すると考えられます。

（4）　eIDAS について

　EU では、欧州の市場における電子取引の推進のため、共通規則が作られました。これは eIDAS と呼ばれており[55]、電子的な ID、電子署名、タイムスタンプなど様々な基盤的なサービス（トラストサービス）について規定しています。eIDAS は、EU 加盟国に強制力を持つ規則（regulation）として制定されました。

　トラストサービスは多くの種類があるのですが、ここでは電子署名に関して述べておきます。eIDAS では、電子署名に関して特に限定のない電子署名（electronic signature）、電子証明書等に基づく方法である先進電子署名（advanced electronic signature）及び認定を受けた認証局による電子証明書と電子署名生成装置を用いた適格電子署名（qualified electronic signature）が定義されており（eIDAS 3 条 10〜12号、26 条）、適格電子署名については、手書の署名と同じ効力を持つと

---

[55] eIDAS は electronic IDentification、Authentication and trust Services の 略 です。この規則の正式名称は、Regulation（EU）No 910/2014 of the European Parliament and of the Council of 23 July 2014 on electronic identification and trust services for electronic transactions in the internal market and repealing Directive 1999/93/EC です。

規定されています（25条2項）。また、EU加盟国においては、他の加盟国が認定した適格電子署名は、自国の適格電子署名と同等に扱わなければならないとされています（25条3項）。EUの域内で適格電子署名を相互に認めて、電子契約の普及を強く推進しているわけです。

　EU域外の国であっても、電子署名の有効性についてEUと相互認証を定めることは可能です。現在のところ、日本は相互認証を行っていませんが、政府においてそのための検討・交渉が進められています。EUと相互認証が結べれば、国際的な取引の電子契約が一段と増えるものと期待されています。

（5）　トラストサービスについて

　総務省では、社会のインフラとなるトラストサービスの検討を進めています。ここでいうトラストサービスとは、認証業務やタイムスタンプのように電子的な文書や活動のための信頼の基盤を提供するサービスをいいます。

　総務省のトラストサービス検討ワーキンググループ[56]では、タイムスタンプ、リモート署名及びeシールを中心に法制化の方向付けを検討しました。これらは、eIDASで規定されており、わが国でも利用のニーズがありながら、今のところ法制化が進んでいないトラストサービスです。検討の内容は同ワーキンググループの最終取りまとめ[57]にまとめられています。

　タイムスタンプについては、2021年7月より、国の認定制度が開始されました[58]。ただし、本書執筆時点では、電子帳簿保存法で用いるタ

---

[56] プラットフォームサービスに関する研究会 トラストサービス検討ワーキンググループ https://www.soumu.go.jp/main_sosiki/kenkyu/platform_service/index.html
[57] プラットフォームサービスに関する研究会最終報告書
https://www.soumu.go.jp/main_content/000668595.pdf の別紙（53ページ以下）として、「プラットフォームサービスに関する研究会トラストサービス検討ワーキンググループ最終取りまとめ」が掲載されています。
[58] 総務省「タイムスタンプについて」
https://www.soumu.go.jp/main_sosiki/joho_tsusin/top/ninshou-law/timestamp.html

イムスタンプについては依然として一般財団法人日本データ通信協会の認定によることが規定されており、今後の移行が予想されます。

　組織（会社、法人等）の電子署名ともいえる e シールは、電子文書の発行元を証明するために用いられるものです。e シールは、契約書等の意思表示には使用できません（意思表示は自然人しかできないものとされています）が、通知等の文書に対しては使用できます。特に、顧客への通知や、請求書への利用が見込まれています。特に、インボイス制度（115 ページ 5-1（4）インボイス制度について参照）導入後には、電子請求書の発行元の確認などに広く使われるものと期待されています。

　e シールについて総務省では、e シールの認証事業者（e シール用電子証明書の発行事業者）に関して、国の基準に基づく民間の認定制度に向けて、指針を公表しました[59]。

　なお、リモート署名については電子署名法上の位置付けについて検討し、2021 年度中の運用開始を目指して技術的要件の検証等を行うこととなりました。これに関連して、日本トラストテクノロジー協議会がリモート署名ガイドラインを公表しています[60]。このガイドラインを軸に、安全なリモート署名が満たすべき要件がまとめられていく予定です。

---

[59] 総務省「e シールに係る指針」
　https://www.soumu.go.jp/main_content/000756907.pdf
[60] リモート署名ガイドライン https://www.jnsa.org/result/jt2a/2020/index.html

第７章

電子契約導入事例

ここでは、SaaS 型電子契約サービスの例について述べ、コンビニエンスストア、化学、不動産、銀行への適用例を示します。

7-1 SaaS型電子契約サービスの例

　本章ではまず、市場で最も多く導入されている SaaS 型電子契約サービスの一例として日鉄ソリューションズ（株）の提供する電子契約サービス CONTRACTHUB について紹介し、次にその導入事例を 4 社紹介します。

　図表 7-1 は典型的な SaaS 型電子契約サービス CONTRACTHUB の利用例です。

① 　まず、発注側企業が注文書兼請書の PDF フォーマットのファイルをクラウド上の共有サーバーにアップロードし、金額や日付など検索情報を登録し、さらにサーバー上で電子署名を行います。このファイルの登録方法には、Web 画面経由で契約者がマニュアルで登録するパターンと、購買システムなどとシステム連携し、自動的に行うパターンがあります。

② 　注文書兼請書ファイルが共有サーバーに登録されると自動的に取引先に「注文書兼請書ファイルが登録されました。内容を確認し、電子署名をお願いします。」などと記載されたメールが取引先に送信されます。

③ 　メールを受信した取引先はメールに記載された URL をクリックし、あらかじめ入手したアクセス用 ID、パスワードを入力することにより登録された注文書兼請書ファイルにアクセスし、ファイルの内容を確認し、同ファイルに付与された発注者の署名検証を行います。

④ 　内容に同意した場合、取引先は自己の署名用暗証番号を入力することにより、電子署名を行い、これで契約は成立します。双方の署名が付与された注文書兼請書ファイルはそのまま共有サーバー上に保存され、必要な時に契約者双方が検索、閲覧、ダウンロード出力ができるとともに、税務調査への対応も電子帳簿保存法 10 条の電子取引に対

応することにより、電子データのままで可能になります。

◆図表 7-1　CONTRACTHUB の利用例

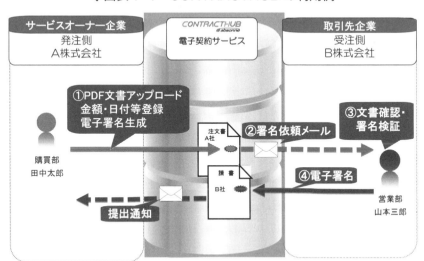

7-2 事例1　株式会社ファミリーマート

（1）　企業概要

　フランチャイズシステムによるコンビニエンスストア事業会社。2020年2月末現在、従業員数は連結で約14,000名で、国内外に約24,500店舗を展開し、チェーン全店で約3兆円を売り上げています。

（2）　導入の背景、目的

　コンビニ店の新規出店を行う場合、躯体工事、内装工事、改装工事、冷熱設備設置、看板設置など様々な建設工事が必要です。建設工事に際しては、建設業法、建築基準法など各種法令に従い、設計、工事業者等との間で、契約書、竣工図書など様々な工事関連文書の作成、取り交わし、保存を行う必要があります。従来、同社では本社建設部が中心となって、この業務を紙媒体で行ってきました。

　近年同社は競争力強化に向け三大都市圏や地方大都市を中心に出店を強化し、特に2012年度以降毎年1,000店舗前後のコンビニ店の新規出店（**図表7-2**参照）を行っています。このため、工事契約に関連する書類も膨大となり、その処理業務の時間的・コスト的負担が大きな課題となってきました。

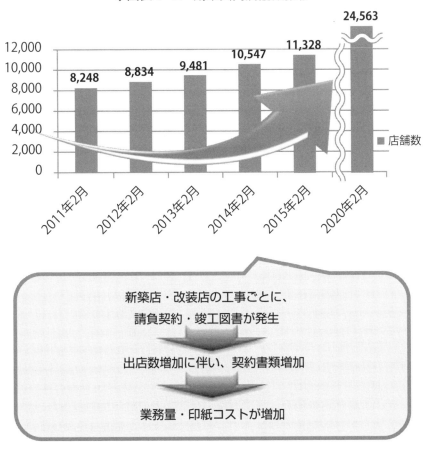

◆図表 7-2　期末国内店舗数推移

そこで、同社は工事関連文書を電子化、ペーパレス化することでこの課題を解決できると考え、2013 年秋より以下の 3 つの目的を掲げて電子契約を導入しました。

「電子契約導入の目的」
① 工事契約に関する業務効率の向上、業務負荷の軽減
② 印紙代、郵送代を含む契約関連コストの削減
③ コンプライアンスの強化（着工や竣工など適切な時期に必要な書類を完備する）

（3） 導入した電子契約の概要

　建設請負工事時に際しては、**図表 7-3** にあるような様々な契約関連文書、竣工図書が取り交わされます。同社は、そのほとんどを電子化対象文書としました。

◆図表 7-3　建設請負工事で取り交わされる書類の例

		工事請負契約 （躯体工事・内装工事・改装工事）	竣工図書 （躯体工事・内装工事・改装工事・冷設工事）
1	工事覚書	工事請負契約書	竣工図書承認願
2	－	工事請負契約約款	工事竣工届
3	－	指定業者一覧表	工事竣工引渡書／引受書
4	－	店舗建築設備工事負担区分表	鍵引渡書／引受書／明細書
5	－	現場説明見積要項書	検査記録関連書類
6	－	質疑応答書	竣工写真
7	－	見積書	役所申請関連書類
8	－	設計図	竣工図面
9	－	－	電気設備関連書類

　また、工事契約の場合、施主と施工会社間の二者間契約のほか、工事監理者として設計事務所が加わる三者間契約も多く発生するため、電子契約も**図表 7-4** のような三者間契約を対象としました。

◆図表 7-4　ファミリーマートが導入した三者契約に対応した電子契約サービスの概要

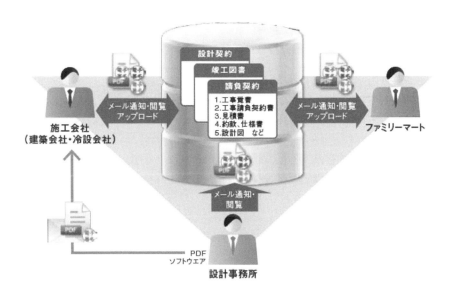

（4）　導入時の工夫

　電子契約を導入するときに一番の課題となったのは、どうやって取引先である工事業者や設計業者の協力をとりつけるかということでした。まず同社は導入に先立って、説明会を全国 7 か所で開催し、デモや実際に操作してもらうことで取引先の理解を得ました。また、ベンダー提供のマニュアル以外に、より業務にマッチした独自の操作手順書を作成・提供し、さらに取引先からの質問に対するきめ細かな対応を行いました。これらにより、同社が継続的に直接発注する全国の取引先 250 社（2015 年 11 月時点）の協力を得て、電子契約導入に成功しました。

（5）　導入効果

　電子契約の導入により、契約関連の業務効率向上と業務負荷軽減、契約書類の保管コストや印紙代の削減を実現しました。例えば、工事請負契約書や竣工図書などの作成・取り交わしに費やす期間は、従来の3分の1に短縮されています。

　また、電子契約サーバーにあらゆる取引書類が一元管理され、登録と同時に共有されることにより、工事契約の進捗状況が「見える化」され、コンプライアンスが一層強化されました。例えば、東京の本部で全国12地区の契約状況が確認可能になった上、工事対象店舗ごとに躯体・内装・冷設（什器）、それぞれの契約状況がどこまで進捗したかを簡単に把握できるようになりました。

　今後、ファミリーマートは電子契約の適用対象を、店舗の新築・改装以外の工事へ拡大していく計画です。

7-3 事例2 東亞合成グループ

（1） グループ概要

　1944年創立の東亞合成株式会社を中核とし、基幹化学品事業、ポリマー・オリゴマー事業、接着材料事業、高機能無機材料事業、樹脂加工製品事業の5つの事業セグメントからなる企業グループ。瞬間接着剤アロンアルフアのメーカーとして有名です。

　「化学事業を通じてより多くの人々とより多くの幸福を分かち合う」を企業理念のもと、成長を続け、2019年12月末現在、国内に11社、海外に11社のグループ会社を有し、連結ベースで約1,4500億円を売り上げています。

（2） 導入の背景、目的

　同グループでは、従来より業務効率化のためシェアードサービス子会社にグループの管理系業務を委託していましたが、近年グループ各社の購買／財務関連業務を本店に集中させたため、シェアードサービス子会社の業務負荷が非常に大きくなりました。特に書面で行っていた取引先の請求書と検収金額明細を照合し、金額相違があった場合に原因を確認する作業負荷が緊急の課題でした。

（3） 導入した電子契約の概要

　そこで、同グループでは、請求書受領・検収金額確認に関する業務フローを変更することでこの課題に対応しました。従来は取引先から月初に送られてくる請求書と、自社基幹システムより出力される検収明細書

の照合を行い、照合後支払処理を行っていましたが、新しいフロー（**図表 7-5**）では、「検収明細兼請求書」という新たな帳票を PDF 出力し、電子契約サービスを利用して取引先に送付します。そして、取引先ではその内容を確認し、問題なければ署名を行い返送するようにしました。これにより、検収金額の確認作業が簡略化されるとともに、ペーパレス化することもできました。

◆図表 7-5　東亞合成グループの新システムの概要

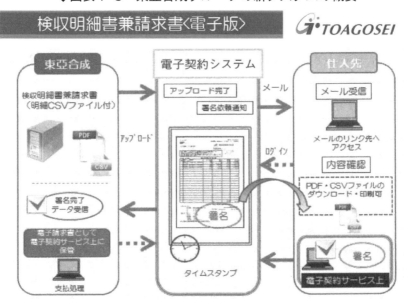

（4）　導入時の工夫

　電子契約の導入時には、取引先に対する電子契約をどうやって説明し、承諾をもらうかが問題となりました。取引先数が 2,000 社にのぼる上、全国に散在するため通常行われる取引先説明会の開催は困難でした。そこで、取引先に配布する案内文書やマニュアルをより業務にあわせてカスタマイズし、充実させることにより、説明会を省略し、文書で取引先に説明し、承諾を得ることができました。

（5）　導入効果

　2015 年 1 月に利用を開始し、2 年後の 2016 年 12 月現在、月 1,000 件ほどの検収明細書の 75%を電子化しました。

　同社が検収明細書を登録すると、翌日までに 80%の取引先が確認署名を行うようになり、書面で確認する場合に比較して大幅に早くなりました。取引先確認の早期化に伴い、購買、財務業務とも業務ピークが分散化され、平準化されました。

　また、同グループでは、本店に購買・財務業務を集約していない子会社各社も、すでに電子契約を横展開して利用しています。

7-4 事例3 レオパレス21

(1)　企業概要

　1973年設立のアパート・マンションの建築請負、賃貸業者。「新しい価値の創造」を企業理念とし、「人と住まいにかかわる問題を解決する」ビジネスを展開。連結ベースでの従業員数は5,654名（2020年9月末現在）で、244店舗（2020年11月末現在）を展開し、約4,336億円（2020年3月末現在）を売り上げています。

(2)　導入の背景、目的

　従来、同社の不動産賃貸業における契約手続は、ほとんど紙で行われていました。このため、賃貸契約に際し、大量の書類の作成、取り交わし、保管が必要で、手続きが煩雑で時間がかかるため、顧客から手続きの簡素化、スピードアップを求められていました。

　当初、同社は複数のオプションサービスに関する申込書を統合するなどによる書類の削減に取り組みましたが、契約書原本を電子化できなければ、結局紙のやり取り、保管が残り、効果が薄いという結論に達しました。そこで、2014年4月に契約書原本を含む抜本的なペーパレス化を目指すプロジェクトを立ち上げ、電子契約の検討を開始しました。

　その結果、同社の主力事業の一つである法人向け賃貸業務を対象に業務全体を電子化することとし、手続きの簡素化、迅速化を実現することで顧客満足度を高めることを導入目的に定めました。

（3）　導入時の工夫

① 主要取引先企業向けアンケート

　電子契約の導入には、取引先の協力が不可欠です。特に同社は比較的協力の得やすい外注・下請け先ではなく、難易度の高い顧客企業との取引への電子契約導入を目指したため、協力を得られるか否か確認するため、まずは主要な顧客企業に対し、2014年7月に電子契約導入に関するアンケートを行いました。結果、前向きな反応が80%だったため、導入する方針を固めました。

◆図表 7-6　電子契約の積極的な推進の決定

② 取引先企業向け導入説明会

　導入時には取引先企業向けの説明会を全国7か所、約300社を対象に行い、電子契約（同社システム名称 =Leo-sign）の導入による新しい業務フローやセキュリティについて説明し、また取引先側の導入メリットもご理解いただくようにしました。

③ 宅建業法、借地借家法への対応

　賃貸契約に関しては、借地借家法や宅建業法で、一部の契約については書面による契約が義務付けられています。そこで、電子契約の導入にあたっては、同法を含む関連法令を調査し、電子契約の導入可否を検討しました。

＜借地借家法への対応＞

　借地借家法では、一部の契約に関しては書面による契約の締結が義務となっており、そのため、電子商取引では、定期借家契約を締結することができません。同社の場合は、「マンスリー契約」が定期借家契約となるので、電子契約サービスによるご契約を適用することができないと判断しました。

　そこで、同法に抵触しない「普通借家プラン」、「法人限定プラン」だけを電子化対象としました。

＜宅建業法への対応＞

　仲介を業とする不動産会社では、建物の賃貸借契約に際して取り交わす35条重要事項説明書や、37条契約書などは書面で交付する必要があります。

　しかし、同社の場合、サブリース契約により自ら貸主として物件を提供しているため、宅建業法への抵触はありませんでした。

（4）　導入した電子契約の概要

　従来、電子契約サービスは、企業の購買部門が導入し、外注先企業への発注業務に使われることがほとんどでした。しかし、同社では、営業・販売部門が導入し、得意先企業への受注業務に利用することとしたため、顧客対応のためにはよりきめ細かな使い勝手が必要と判断し、画面及び基幹システムとの連携カスタマイズを行いました。電子化の範囲は、**図表7-7**にあるように、見積確認・申込み・客先決裁ワークフロー・契約・保管までで、全体を法人向け賃貸電子契約サービス「Leo-sign」と名付け、2015年1月より法人顧客向けに提供を開始しました。

◆図表 7-7　レオパレス 21 が提供する法人向け賃貸電子契約サービス「Leo-sign」の概要

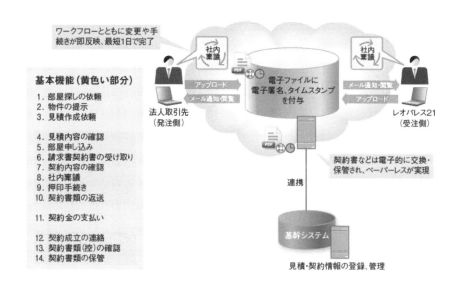

（5）　導入効果

　同社では、従来、書類の郵送などのため見積もりの提出から契約まで1週間はかかっていましたが、Leo-sign では、お客様の社内稟議を含めて早ければ1日で契約業務が完了するようになりました。また、契約の電子化により、契約業務の進捗状況が可視化されるため、どの契約がどの段階で留まっているのかといった情報を共有し、必要な対策を迅速に実施することができるようになりました。

　さらに、紙作業の削減や契約書保管スペースが不要になるなど、契約業務に関するコストも削減されました。

　書類による契約では書類のご配送や紛失といったリスクがありますが、電子契約ではその心配はなく、コンプライアンスの強化にも役立っています。

　以上のような効果により、賃貸業務への電子契約の導入は同社の顧客満足度向上に寄与し、契約数拡大へとつながっています。

Leo-sign の導入により電子契約の効果を確認した同社では、すでに個人向け賃貸契約に適用範囲を拡大し、今後は新たに、他事業においても導入するなどしていく方針です。

　なお、Leo-sign を利用した契約総数が、2020 年 10 月時点で 17 万件を突破しました。

7-5 事例4　株式会社みずほ銀行

(1)　企業概要

　日本を代表するメガバンクであるみずほ銀行。2020年3月末現在の資本金は1兆4,040億円です。同行の事業戦略の一つとして「FinTech」の活用によるサービス拡充を掲げ、2014年12月より個人向けのネット住宅ローンサービスの提供を開始しました。

(2)　導入の背景、目的

　同行が電子契約の導入を検討し始めたのは2016年です。低金利の状況下、金利以外の領域でも差別化が必要となっており、商品そのものの魅力を高めるために電子契約の導入を考えました。従来は書類を手書きで作成したり、郵送でやり取りしたりするなどの負担がお客様とみずほ銀行の双方に発生していましたが、電子化によって大幅に削減することを目指しました。

　同行ではすでに住宅ローン業務のうち、事前審査のネット化は電子化が実現済みで、正式審査のネット化については2017年春に向け構築を始めていました。そこで、残る契約手続きを電子化することで、手続き全体のスピードアップと利便性向上を図り、ネット専業銀行が台頭する住宅ローン市場で競争力を強化したいと考えました。

(3)　導入した電子契約の概要

　同行は、なりすまし防止などの高いセキュリティーを担保しながら完全非対面での複数人契約を実現できることなどのポイントを重視し、複

数のベンダーのサービスを比較評価の上、電子契約を導入しました。ネット住宅ローンというサービスの中で、正式審査のペーパーレス化には1年弱かかりましたが、電子契約プロジェクトは実績のあるパッケージサービスを活用することにより、2017年1月に始まりわずか半年で実現できました。

◆図表 7-8　みずほ銀行が導入した住宅ローンの電子契約システムの概要

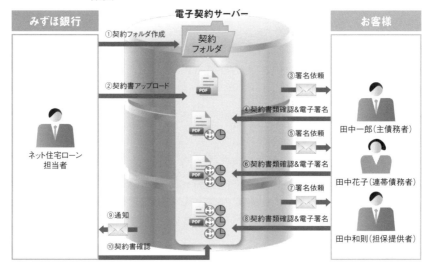

（4）　導入時の工夫

　ネット専業銀行も参入している近年の住宅ローン市場で商品を差別化するには、審査・契約のスピードアップが不可欠でした。従来ネット上で契約する住宅ローンについては、契約者が『サポートが弱い』『手続きに時間がかかる』といったイメージを持つことが多かったのですが、同行は専任担当者による電話やメールでの支援、全国の店舗窓口でもサポートを提供できる強みを生かし、契約者が安心して利用できる、利便性の高い電子契約サービスの提供を行っています。

また、契約手続に時間がかかる要因の一つは、従来の手書きの書類にありました。従来の紙ベースのやり取りでは、どれだけ丁寧にローン関連書類の記入例を銀行側が手書きして住宅ローン契約者に見せたとしても記入漏れや書き間違い、印鑑のかすれといった問題がなくなりませんでした。その度に書類を送付し直して契約者に訂正してもらう必要があり、時間と契約書の負担がかさんでいました。電子契約はこうした契約業務を一変させ、手間と時間を大幅に短縮しました。

　さらに、銀行側が書類一式を作成し、契約者に電子署名をしてもらうだけで契約を完了することができるようになったので、手書きの手間はもうなくなりました。

(5)　導入効果

　住宅ローンの審査から契約までのすべてをインターネットで実施できる環境が整ったことで、契約までのスピードと利便性が向上しました。以前は審査と契約で 25 日ほどかかっていましたが、現在は最短だと 14 日程度で完了し、契約者の負担が減って利便性が高まりました。

　また、この新しい電子契約システムによってお客さまが契約書に必要事項を記入・捺印する負担が減るほか、記入ミスや押印の不備に伴う書類の再送付や修正作業などがなくなりました。契約者にとっての利便性が高まる一方で、銀行側の業務負荷も軽減できました。また、郵送コストや印紙コストも削減できました。

　今後、みずほ銀行ではローン審査を担当する審査会社とのシステム連携を強化して、審査の期間をより短縮することに加え、電子契約上での申込手続と本人確認手続のさらなる利便性向上を検討中です。

関係法令条文

本文で引用・参照した主な条文を参考のため掲載します。

○　民法（2020 年 4 月 1 日施行のもの）

（保証人の責任等）

第 446 条　保証人は、主たる債務者がその債務を履行しないときに、その履行をする責任を負う。

2　保証契約は、書面でしなければ、その効力を生じない。

3　保証契約がその内容を記録した電磁的記録によってされたときは、その保証契約は、書面によってされたものとみなして、前項の規定を適用する。

（債権の譲渡の対抗要件）

第 467 条　債権の譲渡（現に発生していない債権の譲渡を含む。）は、譲渡人が債務者に通知をし、又は債務者が承諾をしなければ、債務者その他の第三者に対抗することができない。

2　前項の通知又は承諾は、確定日付のある証書によってしなければ、債務者以外の第三者に対抗することができない。

（契約の成立と方式）

第 522 条　契約は、契約の内容を示してその締結を申し入れる意思表示（以下「申込み」という。）に対して相手方が承諾をしたときに成立する。

2　契約の成立には、法令に特別の定めがある場合を除き、書面の作成その他の方式を具備することを要しない。

○　民法施行法

（確定日付）

第 5 条　証書ハ左ノ場合ニ限リ確定日付アルモノトス

一　公正証書ナルトキハ其日付ヲ以テ確定日付トス

二　登記所又ハ公証人役場ニ於テ私署証書ニ日付アル印章ヲ押捺シタルトキハ其印章ノ日付ヲ以テ確定日付トス

三　私署証書ノ署名者中ニ死亡シタル者アルトキハ其死亡ノ日ヨリ確定日付アルモノトス

四　確定日付アル証書中ニ私署証書ヲ引用シタルトキハ其証書ノ日付ヲ以テ引用シタル私署証書ノ確定日付トス

五　官庁又ハ公署ニ於テ私署証書ニ或事項ヲ記入シ之ニ日付ヲ記載シタルトキハ其日付ヲ以テ其証書ノ確定日付トス

六　郵便認証司（郵便法（昭和 22 年法律第 165 号）第 59 条第 1 項ニ規定スル郵便認証司ヲ謂フ）ガ同法第 58 条第 1 号ニ規定スル内容証明ノ取扱ニ係ル認証ヲ為シタルトキハ同号ノ規定ニ従ヒテ記載シタル日付ヲ以テ確定日付トス

2　指定公証人（公証人法（明治 41 年法律第 53 号）第 7 条ノ 2 第 1 項ニ規定スル指定公証人ヲ謂フ以下之ニ同ジ）ガ其設ケタル公証人役場ニ於テ請求ニ基キ法務省令ノ定ムル方法ニ依リ電磁的記録（電子的方式、磁気的方式其他人ノ知覚ヲ以テ認識スルコト能ハザル方式（以下電磁的方式ト称ス）ニ依リ作ラルル記録ニシテ電子計算機ニ依ル情報処理ノ用ニ供セラルルモノヲ謂フ以下之ニ同ジ）ニ記録セラレタル情報ニ日付ヲ内容トスル情報（以下日付情報ト称ス）ヲ電磁的方式ニ依リ付シタルトキハ当該電磁的記録ニ記録セラレタル情報ハ確定日付アル証書ト看做ス但公務員ガ職務上作成シタル電磁的記録以外ノモノニ付シタルトキニ限ル

3　前項ノ場合ニ於テハ日付情報ノ日付ヲ以テ確定日付トス

○　会社法

（取締役会の決議）

第 369 条　取締役会の決議は、議決に加わることができる取締役の過半数（これを上回る割合を定款で定めた場合にあっては、その割合以上）が出席し、その過半数（これを上回る割合を定款で定めた場合にあっては、その割合以上）をもって行う。

2　前項の決議について特別の利害関係を有する取締役は、議決に加わることができない。

3　取締役会の議事については、法務省令で定めるところにより、議事録を作成し、議事録が書面をもって作成されているときは、出席した取締役及び監査役は、これに署名し、又は記名押印しなければならない。

4　前項の議事録が電磁的記録をもって作成されている場合における当該電

磁的記録に記録された事項については、法務省令で定める署名又は記名押印に代わる措置をとらなければならない。

5　取締役会の決議に参加した取締役であって第3項の議事録に異議をとどめないものは、その決議に賛成したものと推定する。

○　会社法施行規則

（電子署名）

第225条　次に掲げる規定に規定する法務省令で定める署名又は記名押印に代わる措置は、電子署名とする。

（一～五 及び 七～十二 省略）

六　法第369条第4項（法第490条第5項において準用する場合を含む。）

2　前項に規定する「電子署名」とは、電磁的記録に記録することができる情報について行われる措置であって、次の要件のいずれにも該当するものをいう。

一　当該情報が当該措置を行った者の作成に係るものであることを示すためのものであること。

二　当該情報について改変が行われていないかどうかを確認することができるものであること。

○　民事訴訟法

（書証の申出）

第219条　書証の申出は、文書を提出し、又は文書の所持者にその提出を命ずることを申し立ててしなければならない。

（文書の成立）

第228条　文書は、その成立が真正であることを証明しなければならない。

2　文書は、その方式及び趣旨により公務員が職務上作成したものと認めるべきときは、真正に成立した公文書と推定する。

3　公文書の成立の真否について疑いがあるときは、裁判所は、職権で、当該官庁又は公署に照会をすることができる。

4　私文書は、本人又はその代理人の署名又は押印があるときは、真正に成

立したものと推定する。

5　第2項及び第3項の規定は、外国の官庁又は公署の作成に係るものと認めるべき文書について準用する。

（文書に準ずる物件への準用）

第231条　この節の規定は、図面、写真、録音テープ、ビデオテープその他の情報を表すために作成された物件で文書でないものについて準用する。

○　電子署名法（電子署名及び認証業務に関する法律）

（目的）

第1条　この法律は、電子署名に関し、電磁的記録の真正な成立の推定、特定認証業務に関する認定の制度その他必要な事項を定めることにより、電子署名の円滑な利用の確保による情報の電磁的方式による流通及び情報処理の促進を図り、もって国民生活の向上及び国民経済の健全な発展に寄与することを目的とする。

（定義）

第2条　この法律において「電子署名」とは、電磁的記録（電子的方式、磁気的方式その他人の知覚によっては認識することができない方式で作られる記録であって、電子計算機による情報処理の用に供されるものをいう。以下同じ。）に記録することができる情報について行われる措置であって、次の要件のいずれにも該当するものをいう。

一　当該情報が当該措置を行った者の作成に係るものであることを示すためのものであること。

二　当該情報について改変が行われていないかどうかを確認することができるものであること。

2　この法律において「認証業務」とは、自らが行う電子署名についてその業務を利用する者（以下「利用者」という。）その他の者の求めに応じ、当該利用者が電子署名を行ったものであることを確認するために用いられる事項が当該利用者に係るものであることを証明する業務をいう。

3　この法律において「特定認証業務」とは、電子署名のうち、その方式に

応じて本人だけが行うことができるものとして主務省令で定める基準に適合するものについて行われる認証業務をいう。

第3条　電磁的記録であって情報を表すために作成されたもの（公務員が職務上作成したものを除く。）は、当該電磁的記録に記録された情報について本人による電子署名（これを行うために必要な符号及び物件を適正に管理することにより、本人だけが行うことができることとなるものに限る。）が行われているときは、真正に成立したものと推定する。

（認定）

第4条　特定認証業務を行おうとする者は、主務大臣の認定を受けることができる。

2　前項の認定を受けようとする者は、主務省令で定めるところにより、次の事項を記載した申請書その他主務省令で定める書類を主務大臣に提出しなければならない。

　一　氏名又は名称及び住所並びに法人にあっては、その代表者の氏名

　二　申請に係る業務の用に供する設備の概要

　三　申請に係る業務の実施の方法

3　主務大臣は、第一項の認定をしたときは、その旨を公示しなければならない。

（認定の基準）

第6条　主務大臣は、第4条第1項の認定の申請が次の各号のいずれにも適合していると認めるときでなければ、その認定をしてはならない。

　一　申請に係る業務の用に供する設備が主務省令で定める基準に適合するものであること。

　二　申請に係る業務における利用者の真偽の確認が主務省令で定める方法により行われるものであること。

　三　前号に掲げるもののほか、申請に係る業務が主務省令で定める基準に適合する方法により行われるものであること。

2　主務大臣は、第4条第1項の認定のための審査に当たっては、主務省令

で定めるところにより、申請に係る業務の実施に係る体制について実地の調査を行うものとする。

○ 電子署名法施行規則（電子署名及び認証業務に関する法律施行規則）

（特定認証業務）

第2条　法第2条第3項の主務省令で定める基準は、電子署名の安全性が次のいずれかの有する困難性に基づくものであることとする。

一　ほぼ同じ大きさの二つの素数の積である2048ビット以上の整数の素因数分解

二　大きさ2048ビット以上の有限体の乗法群における離散対数の計算

三　楕円曲線上の点がなす大きさ224ビット以上の群における離散対数の計算

四　前3号に掲げるものに相当する困難性を有するものとして主務大臣が認めるもの

（業務の用に供する設備の基準）

第4条　法第6条第1項第1号の主務省令で定める基準は、次のとおりとする。

一　申請に係る業務の用に供する設備のうち電子証明書（利用者が電子署名を行ったものであることを確認するために用いられる事項（以下「利用者署名検証符号」という。）が当該利用者に係るものであることを証明するために作成する電磁的記録をいう。以下同じ。）の作成又は管理に用いる電子計算機その他の設備（以下「認証業務用設備」という。）は、入出場を管理するために業務の重要度に応じて必要な措置が講じられている場所に設置されていること。

二　認証業務用設備は、電気通信回線を通じた不正なアクセス等を防止するために必要な措置が講じられていること。

三　認証業務用設備は、正当な権限を有しない者によって作動させられることを防止するための措置が講じられ、かつ、当該認証業務用設備の動作を記録する機能を有していること。

四　認証業務用設備のうち電子証明書の発行者（認証業務の名称により識別されるものである場合においては、その業務を含む。以下同じ。）を確認するための措置であって第2条の基準に適合するものを行うために発行者が用いる符号（以下「発行者署名符号」という。）を作成し又は管理する電子計算機は、当該発行者署名符号の漏えいを防止するために必要な機能を有する専用の電子計算機であること。

　　五　認証業務用設備及び第1号の措置を講じるために必要な装置は、停電、地震、火災及び水害その他の災害の被害を容易に受けないように業務の重要度に応じて必要な措置が講じられていること。

（利用者の真意の確認の方法）

第5条　法第6条第1項第2号の主務省令で定める方法は、次に掲げる方法とする。

　　一　認証業務の利用の申込みをする者（以下「利用申込者」という。）に対し、住民基本台帳法（昭和42年法律第81号）第12条第1項に規定する住民票の写し若しくは住民票記載事項証明書、戸籍の謄本若しくは抄本（現住所の記載がある証明書の提示又は提出を求める場合に限る。）若しくは領事官（領事官の職務を行う大使館若しくは公使館の長又はその事務を代理する者を含む。）の在留証明又はこれらに準ずるものとして主務大臣が告示で定める書類の提出を求め、かつ、次に掲げる方法のうちいずれか一以上のものにより、当該利用申込者の真偽の確認を行う方法。ただし、認証業務の利用の申込み又はハに規定する申込みの事実の有無を照会する文書の受取りを代理人が行うことを認めた認証業務を実施する場合においては、当該代理人に対し、その権限を証する利用申込者本人の署名及び押印（押印した印鑑に係る印鑑登録証明書が添付されている場合に限る。）がある委任状（利用申込者本人が国外に居住する場合においては、これに準ずるもの）の提出を求め、かつ、次に掲げる方法のうちいずれか一以上のものにより、当該代理人の真偽の確認を行うものとする。

　　　　イ　出入国管理及び難民認定法（昭和26年政令第319号）第2条第5号に規定する旅券、同法第19条の3に規定する在留カード、日本国

との平和条約に基づき日本の国籍を離脱した者等の出入国管理に関する特例法（平成3年法律第71号）第7条第1項に規定する特別永住者証明書、別表に掲げる官公庁が発行した免許証、許可証若しくは資格証明書等、行政手続における特定の個人を識別するための番号の利用等に関する法律（平成25年法律第27号）第2条第7項に規定する個人番号カード又は官公庁（独立行政法人（独立行政法人通則法（平成11年法律第103号）第2条第1項に規定する独立行政法人をいう。）、地方独立行政法人（地方独立行政法人法（平成15年法律第118号）第2条第1項に規定する地方独立行政法人をいう。）及び特殊法人（法律により直接に設立された法人又は特別の法律により特別の設立行為をもって設立された法人であって、総務省設置法（平成11年法律第91号）第4条第1項第9号の規定の適用を受けるものをいう。）を含む。）がその職員に対して発行した身分を証明するに足りる文書で当該職員の写真を貼り付けたもののうちいずれか一以上の提示を求める方法

ロ　利用の申込書に押印した印鑑に係る印鑑登録証明書（利用申込者が国外に居住する場合においては、これに準ずるもの）の提出を求める方法

ハ　その取扱いにおいて名宛人本人若しくは差出人の指定した名宛人に代わって受け取ることができる者（以下「名宛人等」という。）に限り交付する郵便（次に掲げるいずれかの書類の提示を求める方法により名宛人等であることの確認を行うことにより交付するものに限る。）又はこれに準ずるものにより、申込みの事実の有無を照会する文書を送付し、これに対する返信を受領する方法

（1）　イに掲げる書類のいずれか一以上

（2）　健康保険、国民健康保険、船員保険等の被保険者証、共済組合員証、国民年金手帳、国民年金、厚生年金保険若しくは船員保険に係る年金証書又は共済年金、恩給等の証書のいずれか二以上

（3）　（2）に掲げる書類のいずれか一以上及び学生証、会社の身分証明書又は公の機関が発行した資格証明書（イに掲げるものを除く。）であって写真を貼り付けたもののいずれか一以上

ニ　イ、ロ又はハに掲げるものと同等なものとして主務大臣が認めるも
　　　　の
　二　利用申込者が現に有している電子署名等に係る地方公共団体情報シス
　　テム機構の認証業務に関する法律（平成14年法律第153号）第3条第1
　　項に規定する署名用電子証明書に係る電子署名により当該利用申込者の
　　真偽の確認を行う方法
（2項　省略）

（その他の業務の方法）

第6条　法第6条第1項第3号の主務省令で定める基準は、次のとおりとす
　る。
　一　利用申込者に対し、書類の交付その他の適切な方法により、電子署名
　　の実施の方法及び認証業務の利用に関する重要な事項について説明を行
　　うこと。
　二　利用申込者の申込みに係る意思を確認するため、利用申込者に対し、
　　その署名又は押印（押印した印鑑に係る印鑑登録証明書が添付されてい
　　る場合に限る。）のある利用の申込書その他の書面の提出又は利用の申
　　込みに係る情報（認定を受けた認証業務（以下「認定認証業務」とい
　　う。）又はこれに準ずるものに係る電子証明書により確認される電子署
　　名が行われたものに限る。）の送信を求めること。
　三　利用者が電子署名を行うために用いる符号（以下「利用者署名符号」
　　という。）を認証事業者が作成する場合においては、当該利用者署名符
　　号を安全かつ確実に利用者に渡すことができる方法により交付し、又は
　　送付し、かつ、当該利用者署名符号及びその複製を直ちに消去すること。
　三の二　利用者署名符号を利用者が作成する場合において、当該利用者署
　　名符号に対応する利用者署名検証符号を認証事業者が電気通信回線を通
　　じて受信する方法によるときは、あらかじめ、利用者識別符号（認証事
　　業者において、一回に限り利用者の識別に用いる符号であって、容易に
　　推測されないように作成されたものをいう。）を安全かつ確実に当該利
　　用者に渡すことができる方法により交付し、又は送付し、かつ、当該利
　　用者の識別に用いるまでの間、当該利用者以外の者が知り得ないように

すること。

四　電子証明書の有効期間は、5年を超えないものであること。

五　電子証明書には、次の事項が記録されていること。

　イ　当該電子証明書の発行者の名称及び発行番号

　ロ　当該電子証明書の発行日及び有効期間の満了日

　ハ　当該電子証明書の利用者の氏名

　ニ　当該電子証明書に係る利用者署名検証符号及び当該利用者署名検証符号に係るアルゴリズムの識別子

六　電子証明書には、その発行者を確認するための措置であって第2条の基準に適合するものが講じられていること。

七　認証業務に関し、利用者その他の者が認定認証業務と他の業務を誤認することを防止するための適切な措置を講じていること。

八　電子証明書に利用者の役職名その他の利用者の属性（利用者の氏名、住所及び生年月日を除く。）を記録する場合においては、利用者その他の者が当該属性についての証明を認定認証業務に係るものであると誤認することを防止するための適切な措置を講じていること。

九　署名検証者（利用者から電子署名が行われた情報の送信を受け、当該利用者が当該電子署名を行ったものであることを確認する者をいう。以下同じ。）が電子証明書の発行者を確認するために用いる符号（以下「発行者署名検証符号」という。）その他必要な情報を容易に入手することができるようにすること。

十　電子証明書の有効期間内において、利用者から電子証明書の失効の請求があったとき又は電子証明書に記録された事項に事実と異なるものが発見されたときは、遅滞なく当該電子証明書の失効の年月日その他の失効に関する情報を電磁的方法（電子的方法、磁気的方法その他の人の知覚によっては認識することができない方法をいう。以下同じ。）により記録すること。

十一　電子証明書の有効期間内において、署名検証者からの求めに応じ自動的に送信する方法その他の方法により、署名検証者が前号の失効に関する情報を容易に確認することができるようにすること。

十二　第10号の規定により電子証明書の失効に関する情報を記録した場

合においては、遅滞なく当該電子証明書の利用者にその旨を通知すること。

十三　認証事業者の連絡先、業務の提供条件その他の認証業務の実施に関する規程を適切に定め、当該規程を電磁的方法により記録し、利用者その他の者からの求めに応じ自動的に送信する方法その他の方法により、利用者その他の者が当該規程を容易に閲覧することができるようにすること。

十四　電子証明書に利用者として記録されている者から、権利又は利益を侵害され、又は侵害されるおそれがあるとの申出があった場合においては、その求めに応じ、遅滞なく当該電子証明書に係る利用者に関する第12条第1項第1号ロ及びハに掲げる書類を当該申出を行った者に開示すること。

（15号〜17号　省略）

○　公的個人認証法（電子署名等に係る地方公共団体情報システム機構の認証業務に関する法律）

（署名用電子証明書の発行）

第3条　住民基本台帳に記録されている者は、その者が記録されている住民基本台帳を備える市町村（特別区を含む。以下同じ。）の市町村長（特別区の区長を含む。以下同じ。）を経由して、機構に対し、自己に係る署名用電子証明書（署名利用者検証符号が当該署名利用者のものであることを証明するために作成される電磁的記録（電子的方式、磁気的方式その他人の知覚によっては認識することができない方式で作られる記録であって、電子計算機による情報処理の用に供されるものをいう。以下同じ。）をいう。以下同じ。）の発行の申請をすることができる。

（2項以下省略）

（署名用電子証明書の記録事項）

第7条　署名用電子証明書には、次に掲げる事項を記録するものとする。

一　署名用電子証明書の発行の番号、発行年月日及び有効期間の満了する日

二　署名利用者検証符号及び当該署名利用者検証符号に関する事項で総務省令で定めるもの

三　署名利用者に係る住民票に記載されている事項のうち住民基本台帳法第7条第1号から第3号まで及び第7号に掲げる事項（同号に掲げる事項については、住所とする。）

四　その他総務省令で定める事項

（署名検証者等に係る届出等）

第17条　次に掲げる者は、署名利用者から通知された電子署名が行われた情報について当該署名利用者が当該電子署名を行ったことを確認するため、機構[61] に対して次条第1項の規定による同項に規定する保存期間に係る署名用電子証明書失効情報の提供及び同条第2項の規定による同項に規定する保存期間に係る署名用電子証明書失効情報ファイルの提供を求めようとする場合には、あらかじめ、機構に対し、総務省令で定めるところにより、これらの提供を求める旨の届出をしなければならない。

一　行政機関等（行政手続等における情報通信の技術の利用に関する法律第2条第2号に規定する行政機関等をいう。以下同じ。）

二　裁判所

三　行政機関等に対する申請、届出その他の手続に随伴して必要となる事項につき、電磁的方式により提供を受け、行政機関等に対し自らこれを提供し、又はその照会に応じて回答する業務を行う者として行政庁が法律の規定に基づき指定し、登録し、認定し、又は承認した者

四　電子署名及び認証業務に関する法律第8条に規定する認定認証事業者

五　電子署名及び認証業務に関する法律第2条第3項に規定する特定認証業務を行う者であって政令で定める基準に適合するものとして総務大臣が認定する者

六　前各号に掲げる者以外の者であって、署名利用者から通知された電子署名が行われた情報について当該署名利用者が当該電子署名を行ったこと又は利用者証明利用者が行った電子利用者証明について当該利用者証

---

[61] 公的個人認証法では、地方公共団体情報システム機構を「機構」といいます。

明利用者が当該電子利用者証明を行ったことの確認を政令で定める基準に適合して行うことができるものとして総務大臣が認定するもの

（2項以下省略）

（署名検証者等に対する署名用電子証明書失効情報の提供等）

第18条　機構は、次条第1項又は第20条第1項の規定による確認をしようとする署名検証者又は団体署名検証者（以下「署名検証者等」という。）の求めがあったときは、政令で定めるところにより、速やかに、保存期間に係る署名用電子証明書失効情報（第11条から第14条までの規定による保存期間が経過していない署名用電子証明書失効情報をいう。以下同じ。）の提供を行うものとする。

2　機構は、署名検証者等の求めに応じ、政令で定めるところにより、保存期間に係る署名用電子証明書失効情報ファイル（第16条の規定による保存期間が経過していない署名用電子証明書失効情報ファイルをいう。以下同じ。）の提供を行うことができる。

（3項以下省略）

（利用者証明用電子証明書の発行）

第22条　住民基本台帳に記録されている者は、住所地市町村長を経由して、機構に対し、自己に係る利用者証明用電子証明書（利用者証明利用者検証符号が当該利用者証明利用者のものであることを証明するために作成される電磁的記録をいう。以下同じ。）の発行の申請をすることができる。

（2項以下省略）

（利用者証明用電子証明書の記録事項）

第26条　利用者証明用電子証明書には、次に掲げる事項を記録するものとする。

　一　利用者証明用電子証明書の発行の番号、発行年月日及び有効期間の満了する日

　二　利用者証明利用者検証符号及び当該利用者証明利用者検証符号に関する事項で総務省令で定めるもの

三　その他総務省令で定める事項

（利用者証明検証者に対する利用者証明用電子証明書失効情報の提供等）
第37条　機構は、次条第１項の規定による確認をしようとする利用者証明
　検証者の求めがあったときは、政令で定めるところにより、速やかに、保
　存期間に係る利用者証明用電子証明書失効情報（第30条から第33条まで
　の規定による保存期間が経過していない利用者証明用電子証明書失効情報
　をいう。以下同じ。）の提供を行うものとする。
2　機構は、利用者証明検証者の求めに応じ、政令で定めるところにより、
　保存期間に係る利用者証明用電子証明書失効情報ファイル（第35条の規
　定による保存期間が経過していない利用者証明用電子証明書失効情報ファ
　イルをいう。以下同じ。）の提供を行うことができる。
　（3項以下省略）

○　商業登記法
（電磁的記録の作成者を示す措置の確認に必要な事項等の証明）
第12条の２　前条第１項に規定する者（以下この条において「印鑑提出者」
　という。）は、印鑑を提出した登記所が法務大臣の指定するものであると
　きは、この条に規定するところにより次の事項（第２号の期間について
　は、法務省令で定めるものに限る。）の証明を請求することができる。た
　だし、代表権の制限その他の事項でこの項の規定による証明に適しないも
　のとして法務省令で定めるものがあるときは、この限りでない。
　一　電磁的記録に記録することができる情報が印鑑提出者の作成に係るも
　　のであることを示すために講ずる措置であつて、当該情報が他の情報に
　　改変されているかどうかを確認することができる等印鑑提出者の作成に
　　係るものであることを確実に示すことができるものとして法務省令で定
　　めるものについて、当該印鑑提出者が当該措置を講じたものであること
　　を確認するために必要な事項
　二　この項及び第３項の規定により証明した事項について、第８項の規定
　　による証明の請求をすることができる期間
2　前項の規定による証明の請求は、同項各号の事項を明らかにしてしなけ

ればならない。

3　第1項の規定により証明を請求した印鑑提出者は、併せて、自己に係る登記事項であつて法務省令で定めるものの証明を請求することができる。

4　第1項の規定により証明を請求する印鑑提出者は、政令で定める場合を除くほか、手数料を納付しなければならない。

5　第1項及び第3項の規定による証明は、法務大臣の指定する登記所の登記官がする。ただし、これらの規定による証明の請求は、第1項の登記所を経由してしなければならない。

6　第1項及び前項の指定は、告示してしなければならない。

7　第1項の規定により証明を請求した印鑑提出者は、同項第2号の期間中において同項第1号の事項が当該印鑑提出者が同号の措置を講じたものであることを確認するために必要な事項でなくなつたときは、第5項本文の登記所に対し、第1項の登記所を経由して、その旨を届け出ることができる。

8　何人でも、第5項本文の登記所に対し、次の事項の証明を請求することができる。

一　第1項及び第3項の規定により証明した事項の変更（法務省令で定める軽微な変更を除く。）の有無

二　第1項第2号の期間の経過の有無

三　前項の届出の有無及び届出があつたときはその年月日

四　前三号に準ずる事項として法務省令で定めるもの

9　第1項及び第3項の規定による証明並びに前項の規定による証明及び証明の請求は、法務省令で定めるところにより、登記官が使用する電子計算機と請求をする者が使用する電子計算機とを接続する電気通信回線を通じて送信する方法その他の方法によつて行うものとする。

○　電子委任状法（電子委任状の普及の促進に関する法律）

（定義）

第2条　この法律において「電子委任状」とは、電子契約の一方の当事者となる事業者（法人にあっては、その代表者。第4項第1号において同じ。）が当該事業者の使用人その他の関係者に代理権を与えた旨（第3項におい

て「代理権授与」という。）を表示する電磁的記録（電子的方式、磁気的方式その他人の知覚によっては認識することができない方式で作られる記録であって、電子計算機による情報処理の用に供されるものをいう。次項及び第3項において同じ。）をいう。

2　この法律において「電子契約」とは、事業者が一方の当事者となる契約であって、電子情報処理組織を使用する方法その他の情報通信の技術を利用する方法により契約書に代わる電磁的記録が作成されるものをいう。

3　この法律において「電子委任状取扱事業者」とは、代理権授与を表示する目的で、電子契約の一方の当事者となる事業者の委託を受けて、電子情報処理組織を使用する方法その他の情報通信の技術を利用する方法により、電子委任状を保管し、当該電子契約の他方の当事者となる者又はその使用人その他の関係者に対し、当該電子委任状（当該事業者が法人である場合にあっては、委任者として記録された当該法人の代表者が当該法人の代表権を有していることを確認している旨を表示する電磁的記録（第11条第1項において「代表権の確認に関する電磁的記録」という。）を含む。）を提示し、又は提出する業務をいう。

4　この法律において「特定電子委任状」とは、次の各号のいずれにも該当する電子委任状をいう。

一　電子委任状に記録された情報について次に掲げる措置が行われているものであること。

　イ　電子委任状に委任者として記録された事業者による電子署名及び認証業務に関する法律（平成12年法律第102号）第2条第1項に規定する電子署名（同法第8条に規定する認定認証事業者又は同法第15条第2項に規定する認定外国認証事業者によりその認定に係る業務として同法第2条第2項の規定による証明が行われるものその他これに準ずるものとして主務省令で定めるものに限る。）

　ロ　イに掲げるもののほか、当該情報が当該電子委任状に委任者として記録された事業者の作成に係るものであるかどうか及び当該情報について改変が行われていないかどうかを確認することができる措置として主務省令で定める措置

二　電子委任状に記録された情報が次条第1項に規定する基本指針におい

て定められた同条第2項第3号に規定する記録方法の標準に適合する方法で記録されているものであること。

（基本指針）
第3条　主務大臣は、電子委任状の普及を促進するための基本的な指針（以下「基本指針」という。）を定めるものとする。

2　基本指針においては、次に掲げる事項を定めるものとする。

一　電子委任状の普及の意義及び目標に関する事項

二　電子契約の当事者その他の関係者の電子委任状に関する理解を深めるための施策に関する基本的な事項

三　電子委任状に記録される情報の記録方法の標準その他電子委任状の信頼性の確保及び利便性の向上のための施策に関する基本的な事項

四　電子委任状取扱事業者を営み、又は営もうとする者の電子委任状取扱事業者の実施の方法について第五条第一項の認定の基準となるべき事項

五　その他電子委任状の普及を促進するために必要な事項

3　主務大臣は、基本指針を定め、又は変更しようとするときは、あらかじめ、関係行政機関の長に協議しなければならない。

4　主務大臣は、基本指針を定め、又は変更したときは、遅滞なく、これを公表しなければならない。

（電子委任状取扱業務の認定）
第5条　電子委任状取扱事業者を営み、又は営もうとする者は、主務大臣の認定を受けることができる。

2　前項の認定を受けようとする者は、主務省令で定めるところにより、次に掲げる事項を記載した申請書その他主務省令で定める書類を主務大臣に提出しなければならない。

一　氏名又は名称及び住所並びに法人にあっては、その代表者の氏名

二　申請に係る電子委任状取扱事業者の範囲及びその実施の方法

三　申請に係る電子委任状取扱事業者を実施するに当たり、次のイからニまでに掲げる場合に該当する場合には、それぞれイからニまでに定める事項

イ　電気通信事業法（昭和59年法律第86号）第九条の登録を受けなければならない場合　同法第10条第1項第2号及び第3号の事項

ロ　電気通信事業法第13条第1項の変更登録を受け、又は同条第4項の届出をしなければならない場合　同法第10条第1項第2号又は第3号の事項のうち当該申請に係る電子委任状取扱事業者を実施するに当たり変更することとなるもの

ハ　電気通信事業法第16条第1項の届出をしなければならない場合　同項第2号及び第3号の事項

ニ　電気通信事業法第16条第3項の届出をしなければならない場合　同条第1項第2号又は第三号の事項のうち当該申請に係る電子委任状取扱事業者を実施するに当たり変更することとなるもの

3　主務大臣は、第1項の認定の申請があった場合において、その申請に係る電子委任状取扱事業者が次の各号のいずれにも該当すると認めるときは、その認定をするものとする。

一　その取り扱う電子委任状が専ら特定電子委任状であること。

二　その実施の方法が基本指針において定められた第3条第2項第4号に掲げる事項に適合していること。

（4項、5項 省略）

○　電子委任状法施行規則（電子委任状の普及の促進に関する法律施行規則）

（特定電子委任状の要件となる措置）

第2条　法第2条第4項第1号イの主務省令で定めるものは、次の各号に掲げるものとする。

一　商業登記法（昭和38年法律第125号）第12条の2第1項及び第3項の規定により証明されるもの

二　電子署名等に係る地方公共団体情報システム機構の認証業務に関する法律（平成14年法律第153号）第三条第六項の規定に基づき地方公共団体情報システム機構が発行した署名用電子証明書により証明されるもの

2　法第2条第4項第1号ロの主務省令で定める措置は、次の各号のいずれ

かの措置をいう。

一　電子委任状取扱業務を営む者（以下「電子委任状取扱事業者」という。）が、委任者の委託を受けて、電子委任状の内容を受任者の電子証明書（受任者が電子署名を行ったものであることを確認するために用いられる事項が当該受任者に係るものであることを証明するために作成する電磁的記録をいう。次号において同じ。）に記録する場合において、当該電子証明書に行う電子署名及び認証業務に関する法律施行規則（平成13年総務省・法務省・経済産業省令第2号）第2条に定める基準に該当する電子署名その他これに準ずる措置

二　電子委任状取扱事業者が、委任者の委託を受けて、電子委任状の内容を受任者の電子証明書とは別の電磁的記録に記録する場合において、当該電磁的記録に行う電子署名その他これに準ずる措置

○　電子帳簿保存法（電子計算機を使用して作成する国税関係帳簿書類の保存方法等の特例に関する法律）

（定義）

第2条　この法律において、次の各号に掲げる用語の意義は、当該各号に定めるところによる。

（1号～5号 省略）

六　電子取引　取引情報（取引に関して受領し、又は交付する注文書、契約書、送り状、領収書、見積書その他これらに準ずる書類に通常記載される事項をいう。以下同じ。）の授受を電磁的方式により行う取引をいう。

（7号 省略）

（電子取引の取引情報に係る電磁的記録の保存）

第10条　所得税（源泉徴収に係る所得税を除く。）及び法人税に係る保存義務者は、電子取引を行った場合には、財務省令で定めるところにより、当該電子取引の取引情報に係る電磁的記録を保存しなければならない。ただし、財務省令で定めるところにより、当該電磁的記録を出力することにより作成した書面又は電子計算機出力マイクロフィルムを保存する場合は、

この限りでない。

◯ 電子帳簿保存法施行規則

（国税関係帳簿書類の電磁的記録による保存等）

第3条 （1項～4項 省略）

5 法第4条第3項の承認を受けている保存義務者は、次に掲げる要件に従って当該承認を受けている国税関係書類に係る電磁的記録の保存をしなければならない。

（1号 省略）

二 前号の入力に当たっては、次に掲げる要件を満たす電子計算機処理システムを使用すること。

（イ及びハ 省略）

ロ 当該国税関係書類をスキャナで読み取る際に、一の入力単位ごとの電磁的記録の記録事項に一般財団法人日本データ通信協会が認定する業務に係るタイムスタンプ（次に掲げる要件を満たすものに限る。第8条第1項第1号において「タイムスタンプ」という。）を付すこと。

　　(1) 当該記録事項が変更されていないことについて、当該国税関係書類の保存期間（国税に関する法律の規定により国税関係書類の保存をしなければならないこととされている期間をいう。）を通じ、当該業務を行う者に対して確認する方法その他の方法により確認することができること。

　　(2) 課税期間（国税通則法（昭和37年法律第66号）第2条第9号（定義）に規定する課税期間をいう。）中の任意の期間を指定し、当該期間内に付したタイムスタンプについて、一括して検証することができること。

（3号以下、6項 省略）

（電子取引の取引情報に係る電磁的記録の保存）

第8条 法第10条に規定する保存義務者は、電子取引を行った場合には、次項又は第三項に定めるところにより同条ただし書の書面又は電子計算機出力マイクロフィルムを保存する場合を除き、当該電子取引の取引情報

（法第2条第6号に規定する取引情報をいう。）に係る電磁的記録を、当該取引情報の受領が書面により行われたとした場合又は当該取引情報の送付が書面により行われその写しが作成されたとした場合に、国税に関する法律の規定により、当該書面を保存すべきこととなる場所に、当該書面を保存すべきこととなる期間、次に掲げる措置のいずれかを行い、第3条第1項第4号並びに同条第5項第7号において準用する同条第1項第3号（同号イに係る部分に限る。）及び第5号に掲げる要件に従って保存しなければならない。

一　当該電磁的記録の記録事項にタイムスタンプが付された後、当該取引情報の授受を行うこと。

二　当該取引情報の授受後遅滞なく、当該電磁的記録の記録事項にタイムスタンプを付すとともに、当該電磁的記録の保存を行う者又はその者を直接監督する者に関する情報を確認することができるようにしておくこと。

三　次に掲げる要件のいずれかを満たす電子計算機処理システムを使用して当該取引情報の授受及び当該電磁的記録の保存を行うこと。

イ　当該電磁的記録の記録事項について訂正又は削除を行った場合には、これらの事実及び内容を確認することができること。

ロ　当該電磁的記録の記録事項について訂正又は削除を行うことができないこと。

四　当該電磁的記録の記録事項について正当な理由がない訂正及び削除の防止に関する事務処理の規程を定め、当該規程に沿った運用を行い、当該電磁的記録の保存に併せて当該規程の備付けを行うこと。

（2項以下省略）

○　e-文書法（民間事業者等が行う書面の保存等における情報通信の技術の利用に関する法律）

（電磁的記録による保存）

第3条　民間事業者等は、保存のうち当該保存に関する他の法令の規定により書面により行わなければならないとされているもの（主務省令で定めるものに限る。）については、当該法令の規定にかかわらず、主務省令で定

めるところにより、書面の保存に代えて当該書面に係る電磁的記録の保存を行うことができる。

2　前項の規定により行われた保存については、当該保存を書面により行わなければならないとした保存に関する法令の規定に規定する書面により行われたものとみなして、当該保存に関する法令の規定を適用する。

（電磁的記録による作成）

第4条　民間事業者等は、作成のうち当該作成に関する他の法令の規定により書面により行わなければならないとされているもの（当該作成に係る書面又はその原本、謄本、抄本若しくは写しが法令の規定により保存をしなければならないとされているものであって、主務省令で定めるものに限る。）については、当該他の法令の規定にかかわらず、主務省令で定めるところにより、書面の作成に代えて当該書面に係る電磁的記録の作成を行うことができる。

2　前項の規定により行われた作成については、当該作成を書面により行わなければならないとした作成に関する法令の規定に規定する書面により行われたものとみなして、当該作成に関する法令の規定を適用する。

3　第1項の場合において、民間事業者等は、当該作成に関する他の法令の規定により署名等をしなければならないとされているものについては、当該法令の規定にかかわらず、氏名又は名称を明らかにする措置であって主務省令で定めるものをもって当該署名等に代えることができる。

（電磁的記録による縦覧等）

第5条　民間事業者等は、縦覧等のうち当該縦覧等に関する他の法令の規定により書面により行わなければならないとされているもの（主務省令で定めるものに限る。）については、当該法令の規定にかかわらず、主務省令で定めるところにより、書面の縦覧等に代えて当該書面に係る電磁的記録に記録されている事項又は当該事項を記載した書類の縦覧等を行うことができる。

2　前項の規定により行われた縦覧等については、当該縦覧等を書面により行わなければならないとした縦覧等に関する法令の規定に規定する書面に

より行われたものとみなして、当該縦覧等に関する法令の規定を適用する。

（電磁的記録による交付等）

第6条　民間事業者等は、交付等のうち当該交付等に関する他の法令の規定により書面により行わなければならないとされているもの（当該交付等に係る書面又はその原本、謄本、抄本若しくは写しが法令の規定により保存をしなければならないとされているものであって、主務省令で定めるものに限る。）については、当該他の法令の規定にかかわらず、政令で定めるところにより、当該交付等の相手方の承諾を得て、書面の交付等に代えて電磁的方法であって主務省令で定めるものにより当該書面に係る電磁的記録に記録されている事項の交付等を行うことができる。

2　前項の規定により行われた交付等については、当該交付等を書面により行わなければならないとした交付等に関する法令の規定に規定する書面により行われたものとみなして、当該交付等に関する法令の規定を適用する。

○　下請法（下請代金支払遅延等防止法）

（書面の交付等）

第3条　親事業者は、下請事業者に対し製造委託等をした場合は、直ちに、公正取引委員会規則で定めるところにより下請事業者の給付の内容、下請代金の額、支払期日及び支払方法その他の事項を記載した書面を下請事業者に交付しなければならない。ただし、これらの事項のうちその内容が定められないことにつき正当な理由があるものについては、その記載を要しないものとし、この場合には、親事業者は、当該事項の内容が定められた後直ちに、当該事項を記載した書面を下請事業者に交付しなければならない。

2　親事業者は、前項の規定による書面の交付に代えて、政令で定めるところにより、当該下請事業者の承諾を得て、当該書面に記載すべき事項を電子情報処理組織を使用する方法その他の情報通信の技術を利用する方法であつて公正取引委員会規則で定めるものにより提供することができる。この場合において、当該親事業者は、当該書面を交付したものとみなす。

（書類等の作成及び保存）

第５条　親事業者は、下請事業者に対し製造委託等をした場合は、公正取引委員会規則で定めるところにより、下請事業者の給付、給付の受領（役務提供委託をした場合にあつては、下請事業者がした役務を提供する行為の実施）、下請代金の支払その他の事項について記載し又は記録した書類又は電磁的記録（電子的方式、磁気的方式その他人の知覚によつては認識することができない方式で作られる記録であつて、電子計算機による情報処理の用に供されるものをいう。以下同じ。）を作成し、これを保存しなければならない。

○　下請法施行令（下請代金支払遅延等防止法施行令）

第２条　親事業者は、法第３条第２項の規定により同項に規定する事項を提供しようとするときは、公正取引委員会規則で定めるところにより、あらかじめ、当該下請事業者に対し、その用いる同項前段に規定する方法（以下「電磁的方法」という。）の種類及び内容を示し、書面又は電磁的方法による承諾を得なければならない。

2　前項の規定による承諾を得た親事業者は、当該下請事業者から書面又は電磁的方法により電磁的方法による提供を受けない旨の申出があつたときは、当該下請事業者に対し、法第３条第２項に規定する事項の提供を電磁的方法によつてしてはならない。ただし、当該下請事業者が再び前項の規定による承諾をした場合は、この限りでない。

○　下請法３条規則（下請代金支払遅延等防止法第３条の書面の記載事項等に関する規則）

第２条　法第３条第２項の公正取引委員会規則で定める方法は、次に掲げる方法とする。

一　電子情報処理組織を使用する方法のうちイ又はロに掲げるもの

　　イ　親事業者の使用に係る電子計算機と下請事業者の使用に係る電子計算機とを接続する電気通信回線を通じて送信し、受信者の使用に係る電子計算機に備えられたファイルに記録する方法

　　ロ　親事業者の使用に係る電子計算機に備えられたファイルに記録され

た書面に記載すべき事項を電気通信回線を通じて下請事業者の閲覧に供し、当該下請事業者の使用に係る電子計算機に備えられたファイルに当該事項を記録する方法（法第３条第２項前段に規定する方法による提供を受ける旨の承諾又は受けない旨の申出をする場合にあっては、親事業者の使用に係る電子計算機に備えられたファイルにその旨を記録する方法）

二　磁気ディスク、シー・ディー・ロムその他これらに準ずる方法により一定の事項を確実に記録しておくことができる物をもって調製するファイルに書面に記載すべき事項を記録したものを交付する方法

2　前項に掲げる方法は、下請事業者がファイルへの記録を出力することによる書面を作成することができるものでなければならない。

3　第１項第１号の「電子情報処理組織」とは、親事業者の使用に係る電子計算機と、下請事業者の使用に係る電子計算機とを電気通信回線で接続した電子情報処理組織をいう。

○　下請法５条規則（下請代金支払遅延等防止法第５条の書類又は電磁的記録の作成及び保存に関する規則）

第２条　前条第１項から第３項までに掲げる事項の記載又は記録は、それぞれその事項に係る事実が生じ、又は明らかになったときに、速やかに当該事項について行わなければならない。

2　前条第１項から第３項までに掲げる事項を書類に記載する場合には、下請事業者別に記載しなければならない。

3　前条第１項から第３項までに掲げる事項について記録した電磁的記録を作成し、保有する場合には、次に掲げる要件に従って作成し、保存しなければならない。

一　前条第１項から第３項までに掲げる事項について訂正又は削除を行った場合には、これらの事実及び内容を確認することができること。

二　必要に応じ電磁的記録をディスプレイの画面及び書面に出力することができること。

三　電磁的記録の記録事項の検索をすることができる機能（次に掲げる要件を満たすものに限る。）を有していること。

イ　前条第一項第一号に掲げる事項を検索の条件として設定することが
　　できること。

ロ　製造委託等をした日については、その範囲を指定して条件を設定す
　　ることができること。

◯　建設業法

（建設工事の請負契約の内容）

第19条　建設工事の請負契約の当事者は、前条の趣旨に従つて、契約の締
　結に際して次に掲げる事項を書面に記載し、署名又は記名押印をして相互
　に交付しなければならない。

一　工事内容

二　請負代金の額

三　工事着手の時期及び工事完成の時期

四　請負代金の全部又は一部の前金払又は出来形部分に対する支払の定め
　　をするときは、その支払の時期及び方法

五　当事者の一方から設計変更又は工事着手の延期若しくは工事の全部若
　　しくは一部の中止の申出があつた場合における工期の変更、請負代金の
　　額の変更又は損害の負担及びそれらの額の算定方法に関する定め

六　天災その他不可抗力による工期の変更又は損害の負担及びその額の算
　　定方法に関する定め

七　価格等（物価統制令（昭和21年勅令第118号）第2条に規定する価
　　格等をいう。）の変動若しくは変更に基づく請負代金の額又は工事内容
　　の変更

八　工事の施工により第三者が損害を受けた場合における賠償金の負担に
　　関する定め

九　注文者が工事に使用する資材を提供し、又は建設機械その他の機械を
　　貸与するときは、その内容及び方法に関する定め

十　注文者が工事の全部又は　部の完成を確認するための検査の時期及び
　　方法並びに引渡しの時期

十一　工事完成後における請負代金の支払の時期及び方法

十二　工事の目的物の瑕疵を担保すべき責任又は当該責任の履行に関して

講ずべき保証保険契約の締結その他の措置に関する定めをするときは、
　　その内容

　十三　各当事者の履行の遅滞その他債務の不履行の場合における遅延利
　　息、違約金その他の損害金

　十四　契約に関する紛争の解決方法

2　請負契約の当事者は、請負契約の内容で前項に掲げる事項に該当するも
　のを変更するときは、その変更の内容を書面に記載し、署名又は記名押印
　をして相互に交付しなければならない。

3　建設工事の請負契約の当事者は、前2項の規定による措置に代えて、政
　令で定めるところにより、当該契約の相手方の承諾を得て、電子情報処理
　組織を使用する方法その他の情報通信の技術を利用する方法であつて、当
　該各項の規定による措置に準ずるものとして国土交通省令で定めるものを
　講ずることができる。この場合において、当該国土交通省令で定める措置
　を講じた者は、当該各項の規定による措置を講じたものとみなす。

○　建設業法施行令

（建設工事の請負契約に係る情報通信の技術を利用する方法）

第5条の5　建設工事の請負契約の当事者は、法第19条第3項の規定によ
　り同項に規定する国土交通省令で定める措置（以下この条において「電磁
　的措置」という。）を講じようとするときは、国土交通省令で定めるとこ
　ろにより、あらかじめ、当該契約の相手方に対し、その講じる電磁的措置
　の種類及び内容を示し、書面又は電子情報処理組織を使用する方法その他
　の情報通信の技術を利用する方法であつて国土交通省令で定めるもの（次
　項において「電磁的方法」という。）による承諾を得なければならない。

2　前項の規定による承諾を得た建設工事の請負契約の当事者は、当該契約
　の相手方から書面又は電磁的方法により当該承諾を撤回する旨の申出があ
　つたときは、法第19条第1項又は第2項の規定による措置に代えて電磁
　的措置を講じてはならない。ただし、当該契約の相手方が再び同項の規定
　による承諾をした場合は、この限りでない。

○ 建設業法施行規則

（建設工事の請負契約に係る情報通信の技術を利用する方法）

第13条の4 法第19条第3項の国土交通省令で定める措置は、次に掲げる措置とする。

一 電子情報処理組織を使用する措置のうちイ又はロに掲げるもの

イ 建設工事の請負契約の当事者の使用に係る電子計算機（入出力装置を含む。以下同じ。）と当該契約の相手方の使用に係る電子計算機とを接続する電気通信回線を通じて送信し、受信者の使用に係る電子計算機に備えられたファイルに記録する措置

ロ 建設工事の請負契約の当事者の使用に係る電子計算機に備えられたファイルに記録された法第19条第1項に掲げる事項又は請負契約の内容で同項に掲げる事項に該当するものの変更の内容（以下「契約事項等」という。）を電気通信回線を通じて当該契約の相手方の閲覧に供し、当該契約の相手方の使用に係る電子計算機に備えられたファイルに当該契約事項等を記録する措置

二 磁気ディスク等をもつて調製するファイルに契約事項等を記録したものを交付する措置

2 前項に掲げる措置は、次に掲げる技術的基準に適合するものでなければならない。

一 当該契約の相手方がファイルへの記録を出力することによる書面を作成することができるものであること。

二 ファイルに記録された契約事項等について、改変が行われていないかどうかを確認することができる措置を講じていること。

三 当該契約の相手方が本人であることを確認することができる措置を講じていること

3 第1項第1号の「電子情報処理組織」とは、建設工事の請負契約の当事者の使用に係る電子計算機と、当該契約の相手方の使用に係る電子計算機とを電気通信回線で接続した電子情報処理組織をいう。

（施工体制台帳の記載事項等）

第14条の2 法第24条の7第1項の国土交通省令で定める事項は、次のと

おりとする。

（1号〜4号：省略）

2　施工体制台帳には、次に掲げる書類を添付しなければならない。

一　前項第2号ロの請負契約及び同項第4号ロの下請契約に係る法第19条第1項及び第2項の規定による書面の写し（作成建設業者が注文者となつた下請契約以外の下請契約であつて、公共工事（入札契約適正化法第2条第2項に規定する公共工事をいう。第14条の4第3項において同じ。）以外の建設工事について締結されるものに係るものにあつては、請負代金の額に係る部分を除く。）

（2号、3号：省略）

3　省略

4　法第19条第3項に規定する措置が講じられた場合にあつては、契約事項等が電子計算機に備えられたファイル又は磁気ディスク等に記録され、必要に応じ当該工事現場において電子計算機その他の機器を用いて明確に紙面に表示されるときは、当該記録をもつて第2項第1号に規定する添付書類に代えることができる。

■著者略歴

編集および第1～5章、第6章2（3）、3（4）（5）担当

宮内　宏（みやうち　ひろし）

弁護士・宮内・水町IT法律事務所代表弁護士

1983年	東京大学工学部電子工学科卒業
1985年	東京大学工学系大学院電子工学専門課程（修士課程）修了
1985年	日本電気株式会社入社。情報セキュリティ等の研究活動に従事。1991年より1992年にかけてイリノイ大学に客員研究員として留学。2004年同社退社
2007年	東京大学大学院法学政治学研究科法曹養成専攻（法科大学院）卒業
2008年	法曹資格取得。第二東京弁護士会に弁護士登録
2011年	宮内宏法律事務所（現 宮内・水町IT法律事務所）設立。現在に至る

第6章（宮内担当部分を除く）、第7章担当

齋木　康二（さいき　こうじ）

日鉄ソリューションズ株式会社　ITインフラソリューション事業本部
デジタルプラットフォーム事業部　アプリケーションサービス推進部　エキスパート
米国ワシントン州公認会計士、上級文書管理士、宅地建物取引士

1989年	東京大学法学部部卒業
1989年	新日本製鉄株式会社入社。同社および新日鉄住金ソリューションズ株式会社（現 日鉄ソリューションズ株式会社）にて文書管理、図面管理、PDMなどの営業、マーケティング、導入コンサルタントを実施。2010年より電子契約サービスCONTRACTHUBの立ち上げ、コンサルティングを担当し、現在に至る

3訂版	平成29年 3 月10日　初版発行
電子契約の教科書	令和 3 年 1 月20日　3 訂初版
～基礎から導入事例まで～	令和 3 年 9 月20日　3 訂 2 刷

 日本法令®

〒 101-0032
東京都千代田区岩本町 1 丁目 2 番 19 号
https://www.horei.co.jp/

検印省略

編　著　者　宮　内　　　宏
発　行　者　青　木　健　次
編　集　者　岩　倉　春　光
印　刷　所　日本ハイコム
製　本　所　国　宝　　　社

（営　業）	TEL　03-6858-6967	Ｅメール　syuppan@horei.co.jp
（通　販）	TEL　03-6858-6966	Ｅメール　book.order@horei.co.jp
（編　集）	FAX　03-6858-6957	Ｅメール　tankoubon@horei.co.jp

（バーチャルショップ）　https://www.horei.co.jp/iec/
（お 詫 び と 訂 正）　https://www.horei.co.jp/book/owabi.shtml
（書 籍 の 追 加 情 報）　https://www.horei.co.jp/book/osirasebook.shtml

※万一、本書の内容に誤記等が判明した場合には、上記「お詫びと訂正」に最新情報を掲載
しております。ホームページに掲載されていない内容につきましては、FAX または Ｅ
メールで編集までお問合せください。